新时代大学生思想政治教育理论与实践研究

潘奕诺 著

黑龙江人民出版社

图书在版编目（CIP）数据

新时代大学生思想政治教育理论与实践研究／潘奕诺著. -- 哈尔滨：黑龙江人民出版社，2024.9.
ISBN 978-7-207-13413-4

Ⅰ．G641

中国国家版本馆 CIP 数据核字第 2024TF1604 号

责任编辑：常　松
责任校对：李恭博
封面设计：万典文化

新时代大学生思想政治教育理论与实践研究
XINSHIDAI DAXUESHENG SIXIANG ZHENGZHI JIAOYU LILUN YU SHIJIAN YANJIU

潘奕诺　著

出版发行	黑龙江人民出版社
地　　址	哈尔滨市南岗区宣庆小区 1 号楼
印　　刷	黑龙江艺德印刷有限责任公司
开　　本	787 mm× 1092 mm　1/16
印　　张	13.5
字　　数	245 千字
版　　次	2024 年 9 月第 1 版
印　　次	2024 年 9 月第 1 次印刷
书　　号	ISBN 978-7-207-13413-4
定　　价	40.00 元

版权所有　侵权必究　　举报电话：(0451) 82308054

PREFACE 前言

在新时代的背景下，大学生思想政治教育面临着前所未有的机遇与挑战。随着社会主义现代化建设的不断推进和全球化进程的深入发展，我们的青年学生亟须在坚守核心价值观的同时，能够担当起时代赋予的历史责任。本书《新时代大学生思想政治教育的理论与实践研究》旨在全面系统地探讨新时代下大学生思想政治教育的理论基础、教育原则、价值意蕴、主要任务、教育内容、基本方法及实践路径，并对教育评价体系和师资队伍建设进行深入分析。

第一章深入解读思想政治教育的相关概念，并探讨其理论基础，涵盖从马克思恩格斯到毛泽东等革命家的教育论述，以及新时代党中央的重要指示，为理解本书的理论框架奠定坚实基础。第二章则系统阐述新时代大学生思想政治教育的五大原则，旨在指导实践中如何处理政治性与学理性的统一、坚持以人为本的教育原则等关键问题。第三章探讨思想政治教育对党的建设和大学生个体的深远价值，强调培养和造就时代新人的必要性。从第四章到第六章，我们详细讨论了培养新时代青年的主要任务、教育的主要内容以及实施这一教育的基本方法，尤其是如何通过理论渗透法、思想引领法等方式有效地进行思想政治教育。第七章和第八章则分别展示了思想政治教育的实践路径与评价机制，如何将班级活动、校园文化、社会实践和新媒体载体与思想政治教育有效融合，并建立起科学的评价体系。最后，第九章关注于大学生思想政治教育师资队伍的建设，涉及管理队伍、专职教师以及辅导员的培养与发展。

通过本书，我们希望能为高校思想政治教育工作者提供一本实用的参考书籍，帮助他们在新时代背景下更好地理解和实施思想政治教育，也为相关研究领域的学者提供丰富的理论资料和实践案例。我们相信，通过不懈努力和创新实践，能够为培养更多合格的社会主义建设者和接班人作出应有的贡献。

作　者
2024 年 6 月

CONTENTS 目 录

第一章　思想政治教育的相关概念解读及理论基础 ········· 1
　第一节　思想政治教育的内涵阐释 ········· 1
　第二节　马克思恩格斯关于教育的相关论述 ········· 10
　第三节　毛泽东等无产阶级革命家关于思想政治教育的相关论述 ········· 18
　第四节　新时代党中央关于思想政治教育的重要指示 ········· 22

第二章　新时代大学生思想政治教育的原则 ········· 33
　第一节　坚持政治性与学理性相统一的原则 ········· 33
　第二节　坚持以人为本的教育原则 ········· 38
　第三节　坚持守正与创新相融合的原则 ········· 42
　第四节　坚持时效性与长效性并重的原则 ········· 46
　第五节　坚持理论教育与实践教育相结合的原则 ········· 48

第三章　新时代大学生思想政治教育的价值意蕴 ········· 53
　第一节　新时代大学生思想政治教育对党的价值 ········· 53
　第二节　新时代大学生思想政治教育对大学生个体的价值 ········· 60

第四章　培养和造就时代新人的主要任务 ········· 66
　第一节　培养和造就习近平新时代中国特色社会主义思想的信仰者、贯彻者、捍卫者 ········· 66
　第二节　培养和造就全面建设社会主义现代化强国的追求者、奋斗者、贡献者 ········· 70
　第三节　培养和造就社会主义核心价值观的崇尚者、践行者、传播者 ········· 74
　第四节　培养和造就中华优秀传统文化的坚守者、传承者、弘扬者 ········· 78
　第五节　培养和造就构建人类命运共同体的倡导者、参与者、推动者 ········· 84

第五章　新时代大学生思想政治教育的主要内容 … 90

第一节　理想信念教育 … 90
第二节　社会主义核心价值观教育 … 93
第三节　"五史"教育 … 96
第四节　爱国主义教育 … 100
第五节　中华优秀传统文化教育 … 104
第六节　校史教育和仪式育人教育 … 108

第六章　新时代大学生思想政治教育的基本方法 … 113

第一节　理论渗透法 … 113
第二节　思想引领法 … 118
第三节　朋辈示范法 … 121
第四节　心理疏导法 … 124

第七章　新时代大学生思想政治教育的实践路径 … 131

第一节　价值引领：班级活动与思想政治教育相融合 … 131
第二节　德育感化：校园文化活动与思想政治教育相融合 … 136
第三节　行为塑造：社会实践活动与思想政治教育相融合 … 147
第四节　平台聚焦：新媒体载体与思想政治教育相融合 … 153

第八章　新时代大学生思想政治教育评价 … 158

第一节　评价的目标与内容 … 158
第二节　评价的原则与标准 … 165
第三节　评价的程序与方法 … 174

第九章　大学生思想政治教育师资队伍建设 … 184

第一节　大学生思想政治教育管理队伍建设 … 184
第二节　高校思政课专职教师队伍建设 … 191
第三节　高校辅导员队伍建设 … 199

参考文献 … 207

第一章 思想政治教育的相关概念解读及理论基础

思想政治教育是我国教育体系中的一项核心内容，旨在通过教育传递社会主义核心价值观，培养学生的道德观念、政治立场和历史观。这种教育形式不仅关注学生的知识学习，更侧重于塑造学生的世界观、人生观和价值观。思想政治教育的主要目的是培养符合社会主义建设需要的合格公民，促进学生全面发展，确保国家的长远稳定与发展。

第一节 思想政治教育的内涵阐释

在当代高等教育体系中，思想政治教育是培养德才兼备的社会主义建设者和接班人的关键环节。随着社会的快速发展和全球化的不断推进，大学生作为未来的社会主力军，其价值观、世界观和人生观的形成越发显示出复杂性和多样性。因此，深入探讨思想政治教育的内涵，不仅是对传统教育理念的继承，更是对教育实践的创新与发展。

一、思想政治教育的含义

首先，思想政治教育是一种广泛存在于社会各个领域中的教育形式，目的是培养符合特定政治、道德和社会价值观的公民。它不仅仅局限于学校教育，还包括家庭教育、社会教育以及职业教育等各个层面。

从功能上看，思想政治教育主要有以下几个方面的作用：

(1) 价值观塑造：思想政治教育中的价值观塑造是其核心内容之一。通过教育，传授社会主义核心价值观，比如富强、民主、文明、和谐等，教育人们形成正确的世界观、人生观和价值观。这不仅帮助个体理解自己的角色和责任，还促使他们能够在复杂的社会环境中作出合理的判断和选择。例如，在学校教育中，通过课程和实践活动的结合，使学生们能够理解和内化这些价值观，形成积极向上的人生态度。

（2）道德行为规范：在日常生活和工作中遵守社会公德、职业道德至关重要。思想政治教育通过树立正确的道德榜样和进行道德讨论，帮助人们识别和培养良好的行为习惯。这种教育方式不仅限于传授理论知识，更强调通过社区服务、志愿活动等实践方式，让公民直观地体验和理解尊重他人、诚实守信的重要性。

（3）法律法规教育：普及法律知识是构建法治社会的基础。思想政治教育通过讲解国家的法律法规，强化公民的法律意识和法治观念。在学校、工作场所以及公共媒体上，定期开展法律知识的宣传和教育，帮助公民了解他们的权利和义务，以及如何通过法律途径解决争议和保护自身利益。

（4）国家认同与忠诚：增强国家意识和民族意识，是思想政治教育的另一个重要目标。通过历史教育、国家象征如国旗和国歌的尊重等方式，强化公民对国家和民族的认同感和忠诚度。特别是在多民族国家，这种教育帮助不同背景的公民理解和尊重彼此的文化，促进国家的统一和社会的和谐。

在实施过程中，思想政治教育采取多种教育方式和方法，包括课堂教学、主题教育活动、媒体宣传等。这些方法都旨在使思想政治教育内容生动、实际、具有感染力，以达到教育的目的。

同时，思想政治教育的有效性很大程度上依赖于其与时俱进的能力，能否紧跟社会发展的步伐，解决新时代人民群众面临的实际问题。例如，随着互联网和社会媒体的普及，思想政治教育也需要在这些新兴平台上发声，与年轻一代建立起有效的沟通方式。

总结来说，思想政治教育的含义在于通过教育与引导，形成健康的社会环境和积极的公民意识，以促进社会主义现代化建设的顺利进行。这种教育不断适应新时代的要求，通过多样化的形式和内容，影响和改善人们的思想行为。

二、当代思想政治教育的特点

（一）内容的现代化

当代思想政治教育中，内容的现代化是一个核心议题，特别强调社会主义核心价值观的培养和传播。这些价值观包括诚信、和谐、公正和自由等，它们不仅深植于中国的传统文化中，也是现代社会公民所需具备的基本品质。通过将这些价值观深入人心，思想政治教育旨在塑造有道德、有责任感的公民。

此外，教育内容与中国特色社会主义理论体系的最新发展紧密结合，确保学生能够理解和把握国家的政策方向和战略目标。这种结合方式不仅限于理论的学习，更强调在实践中的应用，涵盖了从经济建设到文化建设，从国家治理到法治社会的全面深化改革。例如，通过案例研究和实地调查，学生可以直观地理解改革开放以来中国发展的成就与挑战，增强他们对国家发展战略的认识和支持。

随着环境问题的日益严峻，环境保护和可持续发展的教育也被纳入了思想政治教育的重要内容。通过课程学习，学生不仅了解了环保的重要性，还学习如何在日常生活中实践可持续的生活方式，从而培养起对环境的责任感和保护意识。这部分内容常通过互动活动、社会实践和志愿服务等形式进行，使学生能够在参与中学习和体验环境保护的实际意义。

总体而言，内容的现代化使得思想政治教育更加符合时代需求，不仅提升了学生的个人素质，也加深了他们对社会、国家乃至全球问题的理解和关注。这种教育模式的更新，是对传统思想政治教育内容的扩展和深化，旨在为中国乃至世界的可持续发展培养出更多有能力、有责任感的年轻人。

（二）方法的多样化

随着教育技术的发展和学习需求的多样化，思想政治教育的教学方法也在不断创新和进化。传统的教室教学已经逐渐融合了在线教育元素，形成了一种有效的混合教学模式。这种模式结合了面对面的交互和网络平台的便利性，极大地增强了教育的灵活性，可以更好地适应不同背景和需求的学生。

在这种教学模式中，互动性和学生参与感被特别强调。例如，通过小组讨论，学生可以在辩论中锻炼思辨能力和表达能力，通过角色扮演活动，学生能够从多角度理解和体验社会角色，增强理论与现实的联系。这些方法不仅加深了学生对思想政治教育内容的理解，还激发了他们的兴趣和探索欲。

此外，案例教学和实践活动的广泛应用也是当前思想政治教育方法多样化的一个重要方面。教师会选取具体的社会事件或历史案例进行深入分析，帮助学生理解复杂的社会和政治问题。通过社会实践和志愿服务等活动，学生可以直接参与到社会服务中，将课堂上学到的理论知识应用于实际情境，从而更全面地理解和掌握这些知识。

这种方法的多样化不仅提升了思想政治教育的教学效果，也帮助学生发展了解决问题的能力和社会责任感。通过实践中的学习和反思，学生能够更好地将个人发展与社会进步相结合，为成为有责任感的公民打下坚实的基础。

(三) 对象的广泛性

当代思想政治教育在对象上的广泛性是其显著特征之一。传统上，思想政治教育主要集中在学校教育中的学生群体。然而，随着社会发展和信息时代的到来，思想政治教育的受众已经明显扩展，涵盖了广大工作人员和社会公众，包括企业职员、公务员、农民工以及自由职业者等多种职业背景的人士。

这种扩展主要表现在教育内容的多样化和途径的创新。政府和教育机构设计了多样的课程和活动，针对不同年龄层和职业的特定需求。例如，对于在职人员，可能会提供关于职业道德、法律法规以及国家政策的短期课程或在线学习模块，使其能够在工作之余参与学习，不断提升自身的政治意识和职业素养。

此外，思想政治教育也通过社区活动、公开讲座、互动研讨会等形式，向社会公众普及社会主义核心价值观和国家政策。这些活动往往更加注重实际应用，如通过模拟社会实践活动或社区服务项目，让参与者能够直接体验和实践学习内容，从而更深入地理解和接受思想政治教育的核心理念。

此外，随着数字化和网络技术的发展，思想政治教育的传播途径也变得更为广泛。通过网络平台、社交媒体和移动应用程序，思想政治教育能够覆盖到更广泛的人群，增强其互动性和实时性。这使得思想政治教育能够适应不断变化的社会环境，更有效地与公众沟通，提升其在全社会中的影响力和覆盖面。

总之，思想政治教育的对象广泛性不仅增强了其教育的有效性，也使得其更具包容性和针对性，能够满足不同群体的教育需求，从而在整个社会中形成更广泛的正面影响。这种全民范围的教育方式对于培养具有共同价值观和认知的社会成员，维护社会稳定和谐具有重要作用。

（四）教育覆盖的全面性

在思想政治教育的框架下，教育覆盖的全面性是确保教育质量和效果的关键因素之一。全面性要求思想政治教育不仅涉及广泛的知识领域，包括政治、经济、社会、文化和历史等，还必须关注学生的全面发展，包括思想道德、科学文化、心理健康和社会实践能力。

1. 知识教育的全面性

思想政治教育首先必须保证知识教育的全面性，确保学生能够系统地学习和掌握社会主义核心价值观和中国特色社会主义理论。这包括对中国革命、建设和改革开放的历史全景进行教学，以及对当代中国发展中的重大理论和实践问题的深入解析。通过全面的知识教育，学生不仅能理解国家的过去和现在，还能展望未来。

2. 道德教育的全面性

思想政治教育的全面性还体现在对学生道德素质的塑造上。通过教育引导学生树立正确的世界观、人生观和价值观，培养他们的社会责任感、集体荣誉感和法治观念。这一过程中，教育者需要用具体案例、历史事件来深化学生的道德认知，使他们能在现实生活中做出符合社会主义道德要求的选择。

3. 心理健康教育的全面性

随着社会的发展，学生面临的心理压力和挑战也在增加。因此，思想政治教育需要关注学生的心理健康教育，帮助他们建立积极的生活态度和有效的压力应对机制。心理健康教育应涵盖自我认知、情绪管理、人际关系和未来规划等方面，使学生能够在快速变化的社会环境中保持心理平衡和发展个人潜能。

4. 社会实践的全面性

社会实践是思想政治教育不可或缺的组成部分。通过组织学生参与社会服务、志愿活动、实习实训等形式，使他们将所学知识与社会实际相结合，提升解决实际问题的能力。社会实践不仅能加深学生对理论知识的理解，还能培养他们的团队协作能力和创新能力。

通过上述全面的教育措施，思想政治教育能够全方位地覆盖学生的成长需求，从而培养出德智体美劳全面发展的社会主义建设者和接班人。

（五）技术的整合

随着信息技术的飞速发展，思想政治教育领域也在积极整合新技术，以提高教育的质量和效率。数字化教学资源，如在线课程、互动软件和虚拟现实技术，已经成为常用工具，它们不仅丰富了教学内容，还增强了学习的互动性和趣味性。例如，通过虚拟现实技术，学生可以身临其境地体验历史事件或模拟社会活动，这种沉浸式学习极大地增强了学生的学习体验和理解深度。

社交媒体和新媒体的广泛应用也极大地扩展了思想政治教育的影响范围。通过这些平台，教育者不仅可以发布教学内容，还可以与学生进行实时互动，及时回应学生的疑问和讨论。此外，社交媒体允许教育内容以更加生动和易于理解的形式呈现，如通过教育视频、图表和动画等，这些形式更容易吸引学生的注意力并提高信息的传播效率。

技术进步还表现在大数据和人工智能的应用上。通过分析学生的学习行为数据，教育者可以更好地了解学生的学习习惯和优劣势，据此调整教学策略和内容。例如，人工智能可以根据学生的学习进度和表现推荐个性化的学习资源，帮助学生在困难领域获得更有针对性的支持。这种个性化的学习方式不仅提高了学习效率，也增强了学习的个人化体验。

综上所述，技术的整合不仅极大地提高了思想政治教育的吸引力和教学效果，也为教育实现更广泛的社会影响和更深入的个性化教学提供了可能。通过这些技术的应用，思想政治教育能够更加有效地适应当代学生的需求和社会的发展趋势。

三、当代思想政治教育的要求

当代思想政治教育面临多样化和复杂化的挑战，需求不断变化。为适应这些变化并有效实施教育任务，当代思想政治教育应遵循以下几个关键要求：

（一）坚持党的领导

在中国的思想政治教育体系中，坚持党的领导是其核心原则之一。这一原则不仅确保了教育方向和政策的正确性，也是推动教育改革和发展的关键力量。通过强化这一点，思想政治教育可以有效地培养学生的社会主义核心价值观，同时保证他们在道德、智力、体质等方面的全面发展。

1. 确立教育的政治方向

坚持党的领导首先表现在明确思想政治教育的政治方向上。党的领导为思想政治教育提供了明确的价值导向和行动指南，确保教育活动与国家的长远目标和社会主义现代化建设同步。在教育实践中，这意味着党的理论和路线方针政策要通过教育内容的形式广泛传播，使学生能够从小树立正确的世界观、人生观和价值观。

2. 引导教育内容的实施

党的领导在思想政治教育中还具体体现在教育内容和方法的选择上。通过设立相关教育政策和课程标准，党确保教育内容不仅反映时代需求，还要符合社会主义建设的要求。这包括对历史、法律、道德等教育内容的精心编排，确保它们能够正确传达党的理念，并激发学生的爱国情怀和社会责任感。

3. 监督和评价教育成效

为了保证思想政治教育的质量和效果，党的领导还包括对教育实践的监督和评价。这一过程确保了教育活动的正确性和有效性，通过定期的评价和反馈机制，教育部门可以及时调整教育策略和内容，解决在教育实施过程中遇到的问题。这种监督不仅限于教育机构和教师的表现，也包括学生的学习成果和行为表现。

4. 培养符合社会主义建设需要的人才

坚持党的领导的最终目的是培养能够适应社会主义建设需要的合格人才。这些人才不仅在知识和技能上要求精通，更在思想政治素质上要与党和国家的发展同步。通过系统的思想政治教育，学生可以发展成为有能力、有担当的社会主义建设者和接班人。

总之，坚持党的领导是中国思想政治教育的根本保证，它通过确立教育的政治方向、引导教育内容的实施、监督和评价教育成效以及培养符合社会主义建设需要的人才，全面提升了思想政治教育的质量和效果，确保了教育活动的正确方向和社会目标的实现。

（二）理论与实际相结合

当代思想政治教育中，理论与实际的紧密结合是至关重要的，这不仅增强了教学的实用性和生动性，还有助于学生更好地理解和运用所学知识。在这一教育模式中，理论学习不仅限于课堂讲授，更重要的是将这些理论知识与学生的实际生活和社会现实紧密联系。

为了实现这一目标，思想政治教育可以采用多种方法将理论与实践相结合。首先，案例研究是一种有效的教学工具，它允许学生探讨和分析现实世界中的具体事件或问题。通过这种方式，学生可以看到理论在实际中的应用，并学习如何在类似情境下进行决策和分析。例如，教师可以选取国内外的政治事件或社会变革案例，让学生通过团队讨论和角色扮演来深入分析，从而更全面地理解理论内容。

此外，将学生引导参与社区服务或社会调查等实践活动，也是理论与实践结合的一种重要形式。这些活动使学生有机会直接参与到社会问题的解决中，将课堂上学到的理论知识应用到具体的社会实践中，如参与社区环保项目、社会福利活动或公民权益保护等。这种参与不仅有助于学生建立社会责任感，还能提升他们解决实际问题的能力。

更进一步，思想政治教育还可以通过模拟演练和实战演习等形式，让学生在模拟的环境中运用所学的政治和法律知识，如模拟联合国、国内外政策辩论等。这类活动不仅提升了学生的批判性思考能力和公共表达能力，也加深了他们对复杂社会政治现象的理解。

综上所述，理论与实际的结合不仅增强了思想政治教育的吸引力，还极大增强了教育的实效性，使学生能够在实践中学习和成长，更好地为未来的社会生活和职业发展打基础。

（三）全面性与精准性

在思想政治教育的实践中，全面性与精准性是两个互补的重要原则，它们共同确保教育活动的有效性和适应性。全面性要求思想政治教育的内容应涵盖所有必要领域，从政治理论、历史、法律到社会责任等，形成一个无缝衔接的、完整的教育体系。这种全面覆盖保证了学生能从多方面接收到均衡的教育资源，帮助他们构建一个多元且坚实的知识框架。

然而，单靠全面性还不足以应对不同学生的个体差异，这就需要精准性的配合。精准性强调教育活动需要针对不同的群体，尤其是不同学生的背景，进行个性化的教学设计。例如，根据学生的学习兴趣，教育者可以选用更符合他们兴趣的案例或者教学方式，使得学生能够更加积极地参与学习过程。同时，考虑到学生的生活经验和未来的职业规划，教育内容和方法的调整应确保能够为学生提供他们真正需要的知识和技能。

为实现这一点，教育者可以利用调查问卷、学生访谈、学习分析工具等手段来收集相关数据，从而更好地了解学生的个人背景和需求。这种数据驱动的教学策略不仅可以增强教学内容的相关性，也增强了学生的学习动机和成就感。

综合全面性与精准性的应用，思想政治教育可以更有效地促进学生的全面发展，同时确保每位学生都能在教育过程中得到个性化的关注和支持，最终达到提高整体教育质量的目的。这种教育方法不仅回应了现代教育的挑战，也符合教育公平和效率的双重要求。

（四）开放性与包容性

在全球化迅速发展的当今时代，开放性和包容性成为思想政治教育中不可或缺的要素。这两个原则不仅反映了现代教育的基本趋势，也是培养未来全球公民的关键条件。

开放性在思想政治教育中体现为鼓励学生开放思维，积极接纳和探索新的观点与思想。这种教育方式促进了学生的创新能力和批判性思考，使他们能够在多样化的信息源中形成独立见解，并且能够对各种社会与政治现象进行深入分析。例如，通过讨论当前的全球问题、模拟国际会议或参与全球化话题的研讨，学生可以在实践中学习如何表达自己的观点，同时理解并尊重他人的立场和意见。

包容性则要求思想政治教育在内容和方法上包容不同文化和观念。这可以通过引入多元文化内容、组织跨文化交流活动或与国外教育机构合作进行学术交流来实现。在课程中加入世界各地的历史事件、政治体系、文化习俗等内容，不仅可以增进学生对不同文化背景的理解，还可以培养他们的全球视野和国际合作能力。此外，通过邀请外国讲师，组织国际学生交流等方式，学生能直接与不同文化背景的人士交流互动，从而学会在尊重和理解的基础上进行文化的交流与融合。

开放性和包容性的实践，使得思想政治教育不再局限于传统的教学范畴和地域，而是变得更加动态和互动。这种教育理念的推广有助于培养出能够在多元化世界中独立思考、创新并尊重他人的现代公民，为全球化时代的挑战做好准备。

（五）持续性与更新性

思想政治教育的有效性在很大程度上依赖于其内容和方法的持续性与更新性。在不断变化的社会和技术背景下，只有不断更新和调整教育策略，才能确保思想政治教育与时俱进，有效地传达和塑造社会主义核心价值观。

首先，教育者需要定期更新教材和教学资源。随着新的社会政策的制定、历史事件的发展以及科技的进步，原有的教育内容可能不再完全适应当前的教育需求。因此，引入最新的研究成果和实践经验，不仅可以提供最前沿的知识，还能激发学生的学习兴趣，增强思想政治教育的吸引力。例如，可以通过整合当前国内外政治经济形势的最新动态，让学生更直观地理解理论与实践的联系。

其次，持续跟踪学生的学习效果和收集反馈至关重要。通过定期的评价和反馈机制，教育者可以了解思想政治教育的实际影响，识别教学中存在的问题，及时调整教学方法和内容。这不仅有助于提高教学质量，还能确保教育活动对学生有持续的正面影响。例如，可以利用在线平台进行学生学习行为的数据分析，通过学生参与度、成绩变化和课后反馈等多维度信息来评价教学效果。

此外，教育者应积极探索和采用新的教学技术和方法。随着信息技术的快速发展，数字化教学工具、虚拟现实（VR）技术和人工智能（AI）等新兴技术为思想政治教育提供了新的可能性。这些技术不仅可以使教学更加生动有趣，还能提供更个性化的学习体验。例如，通过 AI 技术，可以根据学生的学习进度和风格定制个性化的学习计划，使思想政治教育更加精准有效。

总之，思想政治教育的持续性与更新性是保证其长期有效性的关键。通过不断更新教育内容、调整教学策略和采用新技术，思想政治教育能够更好地适应社会的发展，培养出更多符合新时代要求的优秀公民。

第二节　马克思恩格斯关于教育的相关论述

马克思主义教育理论源于 19 世纪中叶，当时欧洲社会正处于资本主义快速发展的阶段，社会矛盾日益尖锐化。马克思和恩格斯通过对资本主义社会的深刻分析，发展出一套涵盖政治、经济和社会理论的体系，其中包括对教育的看法和理论。他们认为，教育是社会基础结构的一部分，其形式和内容受到社会经济基础的决定。从那时起，随着马克思主义理论的全球传播，各国学者和政治家不断发展和适应这一教育理论，以符合各自国家和社会的具体条件。

一、马克思主义教育理论的核心原则

马克思主义教育理论中的核心原则，即教育的社会性和阶级性，提供了一个深刻的视角来理解和构建教育系统。根据马克思主义的观点，教育不仅仅是知识和技能的传递过程，更重要的是，它是塑造个体社会意识的关键手段。这种理论认为，教育的根本任务是培养能够理解、参与并推动社会变革的公民。

（一）社会性原则

马克思主义教育理论强调教育不仅应符合整个社会的发展需求，特别是劳动人民的利益，而且应在教育体系中体现并促进社会公平与进步的价值观。这种教育观点提倡教育不应局限于技术技能和专业知识的简单传授，而应更广泛地包括培养学生的批判性思维能力。批判性思维是指能够系统地分析和质疑社会结构及其运作机制的能力，这种能力使学生能够深刻理解社会动态，并积极参与到社会改革和发展中去。

此外，马克思主义教育理论还强调理论与实践的结合。这意味着教育不仅仅停留在理论的传授上，而是应该鼓励学生将所学的理论知识运用到实际生活中，特别是用于解决现实世界中的具体问题。例如，通过社会实践活动，学生可以直接参与到社区服务、环境保护项目或其他社会创新项目中去，这些活动不仅能够帮助学生将学术知识与实际操作相结合，还能增强他们对社会责任的认识和承担。

教育的这种实践导向不仅有助于学生更全面地发展个人能力，还能培养他们成为积极参与社会的公民。学生在这一过程中不仅学会了如何运用知识解决问题，还能学会如何在复杂的社会环境中作出道德和伦理的判断。这样的教育模式鼓励学生发展成为既有深厚专业知识，又有强烈社会责任感的人才，从而为社会的持续进步和公平正义作出贡献。

（二）阶级性原则

马克思主义深刻地揭示了教育系统的阶级性，指出教育不仅是知识传递的场所，更是社会阶级关系的反映。根据马克思主义的分析，教育系统往往被设计来反映并服务于统治阶级的利益，这在教育资源分配的不平等和教育机会的阶级差异中表现得尤为明显。这些不平等现象通常体现在优质教育资源主要集中在社会经济地位较高的群体手中，而较低阶层的学生则因资源匮乏而难以享受同等的教育机会。

从马克思主义的视角出发，教育不应被视为加剧社会分层的工具，而应成为促进社会平等的力量。这要求教育体系进行根本性的改革，确保教育的普及和公平，让所有人，无论其社会经济背景如何，都有机会获得高质量的教育。这种改革不仅涉及教育资源的再分配，也包括教育内容和教学方法的革新，使之更加关注普通大众，特别是劳动人民的需求和利益。

具体而言，教育内容的改革应当注重培养学生的批判性思维和社会责任感，鼓励他们对现有社会结构进行质疑和反思。教育方法上，则应采取更加开放和包容的教学策略，如合作学习和项目式学习，这些方法能够促进学生之间的互助与平等，有助于打破传统教育中的竞争与排他性。

此外，提供平等的教育机会也意味着要消除进入不同教育阶段的障碍，例如通过提供奖学金、学费减免和教育补助等措施，帮助经济条件不足的学生完成学业。这样的政策不仅有助于个人才能的发展，更是实现社会全面进步和公平的重要步骤。

通过这些综合措施，教育可以真正成为推动社会平等和正义的重要力量，帮助每一个个体实现其潜能，充分参与并贡献于社会生活。这种教育的理念和实践是马克思主义教育理论对当代教育改革的核心贡献。

二、马克思主义教育理论的基本内容

（一）教育的目的

马克思主义教育理论强调教育的根本目的在于解放个体，使之成为社会发展的积极推动者。这种观点深刻地揭示了教育与个体自由之间的内在联系。

1. 教育作为一种解放的工具

马克思主义赋予教育一个深刻的社会变革功能，将其视为实现个体解放的关键工具。在这一理论框架中，教育的目的远超过简单的知识和技能传递，它深入到启发思考、批判现有的社会结构，并激励进行社会变革的层面。马克思主义认为，真正的教育应该启发个体不仅接受现实的世界观，而是能够批判性地理解并质疑这个世界，包括其经济和社会结构的各个方面。

通过这种教育，个体将被赋予独立思考的能力，这不仅是学习事实和理论的能力，更是对这些事实和理论背后的社会意义和影响进行分析和评价的能力。这种能力的培养使得个体能够识别并挑战那些导致社会不平等和压迫的结构，进而推动社会朝向更加公正和平等的方向发展。

教育在马克思主义中的角色是双重的：它不仅是解放个体的工具，使他们能从传统束缚、社会偏见和经济压力中解脱出来，而且是促进整个社会向前进步的催化剂。通过教育，人们学会怀疑和反思，不再盲目接受既定的社会秩序，而是开始寻求改变这些秩序，以便创造一个更为公正的社会环境。这种对社会结构的深刻理解和批判是马克思主义教育理念的核心，它鼓励每一个人成为不仅能够理解世界，而且能够改变世界的主体。

2. 教育与经济基础的关系

根据马克思的理论，教育系统不仅仅是知识传递的场所，而且它构成了社会的上层建筑，与经济基础紧密相连。这种联系意味着，教育的形式和内容在很大程度上受到经济结构的影响，反映了特定历史时期的经济和社会关系。因此，教育系统既是经济结构的产物，又是维护或变革这种结构的重要手段。

从马克思主义的视角来看，教育的主要功能之一是为社会经济系统培养和准备劳动力。这包括传授必要的技术技能和知识，以使个体能够适应和满足经济发展的需求。然而，马克思主义教育理论赋予教育更深远的社会职责——通过启发思考和批判能力的培养，教育还能够培育出具有挑战现存经济和社会结构能力的人才。

马克思主义认为，真正的教育应该超越简单的职业训练，而是应该使学生意识到自己在社会生产中的角色，并激发他们对于现有社会秩序的批判性思考。这样的教育能够培养学生不仅为社会现有的经济需求服务，而且能够理解并参与到社会经济结构的改革中去，推动社会向更加公平和合理的方向发展。

因此，马克思主义教育理论强调教育的双重功能：一方面，通过符合经济需求的培训和教育，保证社会的经济运行和发展；另一方面，通过培养独立思考和批判的公民，为社会变革提供动力。这种教育理论呼吁教育不只是适应社会，更应成为改变社会的力量，促进整个社会结构的转型与进步。

（二）教育的本质

马克思主义教育理论进一步深入探讨了教育的本质，揭示了教育与社会发展和阶级结构之间的复杂关系。教育在马克思主义理论中被视为社会结构的一个关键组成部分，它不仅深刻地反映了社会的发展状态，还在推动社会进步和变革中扮演着至关重要的角色。从这一理论视角出发，教育的目的远超过传授基础知识和职业技能，它应该积极支持社会的整体发展，包括科技进步和文化繁荣。

教育应当促进创新和科技的发展，通过整合科学教育和研究，激发学生的创新精神和科技创造能力。这不仅有助于推动科技前沿的拓展，也能为经济发展提供持续的动力。同时，教育应致力于文化的保存与传承，通过文学、艺术、历史和哲学等领域的深入教学，培养学生的文化素养和审美能力，从而促进文化的多样性和繁荣。

更重要的是，马克思主义强调教育在对抗社会不平等和不公正现象中的作用。教育应成为消除社会阶级差异和不平等的工具，通过提供平等的教育机会，帮助不同背景的个体获得向上流动的可能。教育制度的设计和实施应该旨在打破经济和社会壁垒，确保所有人，无论其出身和经济条件，都有机会接受优质教育。

此外，教育的发展和改革需要与社会经济发展的目标相协调。这意味着教育制度不仅要适应当前的社会需求，更应具有前瞻性，能够预见未来的挑战和需求。这包括对技术变革的响应，如数字化和自动化的趋势，以及全球化带来的新要求，如全球公民意识的培养和国际合作能力的提升。

通过这样全面而深入的教育视角，马克思主义不仅为当前教育实践提供了批判和反思，也为未来教育的方向和内容提供了指导，强调教育应致力于构建一个更加公正、平等和繁荣的社会。

总结来说，马克思主义教育理论提供了一个全面理解教育的目的、本质及其在社会结构中角色的框架，强调教育不仅是知识传递的场所，更是社会公正和个体解放的重要途径。

三、马克思主义教育理论的实践应用

（一）教育与生产劳动的结合

马克思主义教育理论强调理论知识与实际应用的紧密结合，特别是将教育与生产劳动相结合。这种结合不仅有助于学生更好地理解所学知识的实际意义和应用，还能增强他们的实践能力和创新思维。

1. 理论与实践的结合

在教育过程中，将理论学习与实践活动有效结合是极为关键的。这种结合不仅仅是教育的一个方面，而是提升教育效果的重要手段，特别是在应用科学和技术学科中更是必不可少。通过将课堂理论与实际操作相结合，学生能够更全面地理解知识，看到理论在实际中的应用，并通过这种应用来深化他们的理解。

具体来说，实验、项目作业和实习等教学形式为学生提供了将理论知识应用于真实世界情境的机会。例如，科学实验不仅帮助学生验证课本中的理论，还激发他们的探索精神和创新意识。通过亲手操作和观察实验结果，学生能够直观地看到抽象理论的具体表现，这种体验是单纯理论学习所无法比拟的。

项目作业则通常要求学生应用多方面的知识来解决一个较为复杂的问题。这种方式强调跨学科的知识整合和实际应用，使学生必须动用批判性思维和创造性思维来找出解决方案。同时，项目作业也鼓励团队合作，提升学生之间的协作能力。

实习经验更是将理论与实践的结合推向了一个新的层次。在实习中，学生置身于真实的工作环境，不仅可以将自己的理论知识用于实际工作，还能从中学习到课堂外的职业技能和工作态度。这种经历对学生未来的职业发展具有深远的影响，能够显著提高他们的就业竞争力。

总之，通过将理论学习与实践活动结合，教育过程不仅更加贴近实际，也更能激发学生的学习兴趣和创新潜能。这种教育模式有助于培养学生的综合能力，使他们在未来的学习或职业生涯中能更好地解决问题和创造价值。

2. 学校教育与生产实践的结合

将学校教育与生产实践紧密结合是实现教育与社会需求对接的重要策略。这种结合通常涉及教育系统与本地企业、工业界的合作，旨在为学生提供实际工作环境中的实习和培训机会。通过这种合作，学生不仅能够将在课堂上学到的理论知识应用到真实的工作场景中，还能从中获得对行业流程、职业标准和工作文化的深刻理解。通过与企业合作，教育机构可以直接了解行业的最新需求和技术动态，从而及时调整课程设置和教学内容，使之更符合市场的实际需要。这样的教育更具针对性和前瞻性，能够极大提高学生的就业率。实习和培训机会使教育内容不再局限于书本知识，而是扩展到实际技能的培养。这种实用性的提升有助于学生毕业后能够迅速适应工作环境，减少企业在新员工培训上的时间和成本投入。

（二）全球化背景下的教育公平

在全球化的大背景下，教育公平成为国际关注的焦点。马克思主义教育理论指出，努力消除教育资源分配的不平等是实现教育公平的关键。

1. 解决教育资源不均问题

解决教育资源分配不均的问题是实现教育公平的关键步骤。这一挑战要求政府与社会各界携手合作，通过一系列立法和政策调整，确保每个孩子——无论他们来自何种社会经济背景——都能接受到同等质量的教育。这种努力涉及多个层面，包括资金分配、教育资源的优化配置以及教育技术的普及。

首先，政府需通过立法确保教育投资的公平性，特别是针对那些位于偏远地区和贫困区域的学校。这可能包括增加对这些地区学校的直接资金支持，以改善其基础设施、教学设备和招聘更多或更有资质的教师。此外，政府可以提供特别的教育补助，用于购买教学材料、科学实验设备和图书资源，这些都是提高教育质量的关键因素。

其次，现代教育工具的支持对于缩小教育资源差距同样至关重要。通过提供互联网接入和数字学习工具，偏远或资源不足的学校能够利用在线资源和虚拟教室，使学生能够接触到更广泛的教育资源。例如，通过视频教学和在线课程，学生可以从全国乃至全球的顶尖教师那里学习，这一点对于学科知识的深化和视野的拓宽尤为重要。

此外，政府和私营部门可以合作开发适用于教育的技术解决方案，如学习管理系统（LMS）、互动软件和定制的教育应用程序，这些工具可以极大地增强学习体验并提供个性化的学习路径。这种技术的应用不仅增强了教育的可及性，也增强了其包容性和效果。

综上所述，通过这些综合措施，可以有效解决教育资源不均的问题，从而推动教育公平的实现。这不仅有助于每个孩子实现其潜能，也为社会的整体进步和繁荣打下坚实的基础。

2. 提高教育质量和可及性

提高教育质量和可及性是实现教育公平和提升国家竞争力的关键因素。为此，必须不断优化和更新教育体系，确保它既开放又包容，能够满足各种背景学生的需求。在这个过程中，利用现代技术，特别是在线教育资源和远程教学技术，扮演着至关重要的角色。

（1）在线教育资源的扩展

采用在线教育资源意味着可以通过互联网提供高质量的教学内容，包括视频讲座、互动课程和电子教科书等。这些资源使得学生不受地理位置的限制，可以随时随地访问最新的教学材料和先进的学术研究。例如，顶级大学如麻省理工学院和斯坦福大学提供的公开课程（MOOCs）允许全球学生免费或以极低成本访问其课程，这极大地增强了教育的可及性和资源的均衡性。

（2）远程教学技术的开发

远程教学技术的开发则进一步拓宽了教育的边界，使得即使是居住在偏远地区的学生也能享受与城市学生同等的教育机会。通过视频会议软件、虚拟教室和在线协作工具，教师能够与学生进行实时交流，实施个性化教学，及时解答学生疑问，调整教学策略以适应学生的学习进度和风格。此外，这些技术还支持创建虚拟实验室和模拟环境，学生可以在安全的虚拟环境中进行实验操作和技能练习，这在医学、工程学和自然科学等领域尤为重要。

（3）教育体系的持续优化

为了真正实现教育的高质量和广泛可及，还需要对教育体系进行持续的优化和改进。这包括改革教育政策，确保教育资源的公平分配；提升教师的职业发展和教学技能；更新教育评价和监测系统，以反映更加全面和公正的教育成果。此外，鼓励社区和家庭参与教育过程，强化学校与社区的联系，也是提升教育质量的有效途径。

总之，通过综合利用在线教育资源、远程教学技术和持续的教育体系优化，可以有效提高教育质量和可及性，确保每个学生都能获得优质教育，从而为个人发展和社会进步打下坚实基础。

第三节　毛泽东等无产阶级革命家关于思想政治教育的相关论述

大学生思想政治教育是培养社会主义事业合格建设者和接班人的重要途径，其根本目的在于引导学生树立正确的世界观、人生观和价值观。毛泽东等无产阶级革命家关于思想政治教育的论述，为我们提供了宝贵的理论资源和实践指导。毛泽东特别强调思想政治教育的重要性，他认为："正确的政治方向是我们党的生命线，也是我们一切工作的出发点和归宿。"通过这样的指导思想，毛泽东等革命家确立了思想政治教育在国家发展和人才培养中的核心地位，强调通过教育引导学生深刻理解社会主义建设的伟大意义，培养他们为实现中华民族的伟大复兴而努力学习和工作的坚定信念。

一、毛泽东的原创性理论贡献

毛泽东坚持和运用辩证唯物主义和历史唯物主义的世界观和方法论，在中国革命和建设的不同历史条件下，积极开展思想政治工作。他不仅总结提炼了实践中形成的规律性认识，还作出了许多原创性的理论贡献，这些贡献开创并不断丰富发展了党的思想政治工作理论。

（一）"自觉的能动性"：奠定思想政治工作的哲学基础

毛泽东非常重视思想在改造世界中的作用，鲜明指出，"代表先进阶级的正确思想，一旦被群众掌握，就会变成改造社会、改造世界的物质力量"[①]。此观点深刻反映了党的思想政治工作的出发点，即通过各种形式的思想政治教育，确保正确的思想在广大干部群众的头脑中占据主导地位，从而转化为改造客观世界的强大力量。在《论持久战》一文中，毛泽东深刻指出："思想等等是主观的东西，做或行动是主观见之于客观的东西，都是人类特殊的能动性。这种能动性，我们名之曰'自觉的能动性'，是人之所以区别于物的特点。"[②]这里的"能动性"既包括思想支配行动的过程，也包含了思想指导行为改造客观世界的过程。毛泽东的这一科学论断，既是对马克思主

[①] 毛泽东文集：第8卷[M]．北京：人民出版社，1999：320．
[②] 《毛泽东选集》：第2卷[M]．北京：人民出版社，1991：477．

义认识论的新贡献，也为党的思想政治工作夯实了哲学基础。

（二）"生命线"：强调思想政治工作的地位和作用

毛泽东将思想政治工作视为党的各项工作中的"生命线"，强调其在党和国家活动中的核心地位。他指出，"掌握思想领导是掌握一切领导的第一位"[1]，并多次用"生命线"这一表述来强调思想政治工作在党的事业中的突出意义。1945年4月，在《论联合政府》中，他进一步强调，"掌握思想教育，是团结全党进行伟大政治斗争的中心环节"[2]，明确了思想政治工作的重要作用。新中国成立以后，毛泽东在《中国农村的社会主义高潮》的按语中提出，"政治工作是一切经济工作的生命线"[3]。这一论断不仅总结了我们党在全国执政后对思想政治工作重要性的理论概括，还为指导社会主义国家建设提供了重要意义。思想政治工作作为"生命线"的理论，明确了其在党和国家工作中的地位和作用，厘清了思想政治工作与军事工作、经济工作等其他工作的关系，为我们党统筹做好各项工作奠定了思想基础。

毛泽东在思想政治工作方面提出的一系列原则和任务，均旨在为党的中心工作服务，确保党的根本目标的实现。这一战略思维在不同历史时期具有明确的指向性和实际应用价值。

（三）为党的"中心工作服务"：提出思想政治工作的目标任务

思想政治工作的根本目的，由我们党的根本目标所决定。在抗日战争时期，为了壮大抗日力量，毛泽东深刻指出必须通过"普遍和深入的政治动员"来凝聚革命力量，形成"陷敌于灭顶之灾的汪洋大海"，从而推动革命事业取得胜利[4]。到了解放战争时期，聚焦于"打倒蒋介石，解放全中国"这一目标，毛泽东强调报纸的作用和力量在于其能最迅速最广泛地传播党的纲领、路线、方针政策以及工作任务和方法[5]。进入新中国成立后的社会主义革命和建设阶段，毛泽东进一步强调，城市中的其他工作，如通讯社、报纸、广播电台的工作，"都是围绕着生产建设这一个中心工作并为

---

[1] 《毛泽东文集》第2卷，人民出版社1993年版，第435页
[2] 《毛泽东选集》第3卷，人民出版社1991年版，第1094页
[3] 《毛泽东文集》第6卷，人民出版社1999年版，第449页
[4] 《毛泽东选集》第2卷，人民出版社1999年版，第480页
[5] 《毛泽东选集》第4卷，人民出版社1991年版，第1318页

这个中心工作服务的"①。毛泽东的这些论述深刻阐明了思想政治工作应致力于服务党的中心任务的方向，为党的思想政治工作指明了具体的行动路线。

(四)"走群众路线"：明确思想政治工作的方针原则

毛泽东始终坚持"走群众路线"，将"全心全意为人民服务"作为思想政治工作的出发点和落脚点。他强调，思想政治工作首先是做人的工作，需要端正工作态度，尊重士兵和人民。从这种态度出发，方能制定各种政策、方法和方式。②他认为，教育者应当成为被教育者的学生，不能脱离群众，只有真正代表群众，才能有效教育群众，并成为群众的先生。③此外，毛泽东提倡采取民主的、说服教育的方法处理问题，反对使用强制和压制的方式。④他还指出，关心群众的生活是思想政治工作的重要内容，应通过提供物质福利和政治教育的结合，激发群众的奋斗热情。⑤通过这些措施，毛泽东强调了走群众路线的重要性，为做好思想政治工作奠定了坚实的方针原则。

毛泽东关于思想政治工作的这些重要论述，不仅总结了工作的客观规律，也深刻揭示了其对于推动党的中心任务的重要作用。这些理论成为毛泽东思想的重要组成部分，为党的思想政治工作提供了理论基石，指导我们长期坚持并不断丰富发展党的思想政治工作。

二、邓小平关于思想政治教育的指导性贡献

邓小平对于思想政治工作的重视体现在他对党和国家发展战略中思想政治工作不可或缺的角色的强调。他明确指出，即便在经济建设成为工作重心的新时期，思想政治工作的地位和作用仍然至关重要，不能因为经济发展的需求而被忽视或削弱。

(一) 思想政治工作的加强和重要性

邓小平在1983年党的十二届二中全会上针对当时思想领域的精神污染现象以及党

---

① 《毛泽东选集》第4卷，人民出版社1999年版，第1428页
② 《毛泽东选集》第2卷，人民出版社1999年版，第512页
③ 《毛泽东选集》第3卷，人民出版社1999年版，第864页
④ 《毛泽东文集》第7卷，人民出版社1999年版，第209页
⑤ 《毛泽东年谱（1893-1949）》(修订本) 中卷，中央文献出版社2013年版，第420页

的领导力量的软弱涣散问题，提出了加强思想政治工作的必要性。他警示全党，转向经济建设后，必须研究如何在新的历史条件下加强党的思想工作，避免仅专注于经济发展而忽略思想政治工作的倾向。这种强调指出了思想政治工作在党和国家工作全局中的战略地位，即为党的经济工作和其他一切工作的生命线。

（二）建立"四有"新人的科学主张

邓小平科学地阐述了新时期思想政治教育的目标和任务，强调思想政治教育应服务于社会主义现代化建设，重点在于培养和教育人。他在1985年的全国科技工作会议上强调，建设具有中国特色的社会主义社会时，要坚持发展物质文明和精神文明，教育人民具备理想、道德、文化和纪律，即造就有理想、有道德、有文化、有纪律的"四有"新人。[①] 这一主张指向了全民族思想道德素质和科学文化素质的全面提升，为社会主义改革开放和现代化建设培养适应时代需求的人才。

（三）用马克思主义理论武装人，反对资产阶级自由化思潮

邓小平重申，用马克思主义理论武装人民是思想政治教育的重要任务。在新的历史时期，不仅要学习和宣传马克思主义理论，还要坚持四项基本原则，反对资产阶级自由化，全盘西化，以及反对否定党的领导和社会主义制度的言行。这一点强调了思想政治工作在维护党的先进性和纯洁性、确保国家政治安全和意识形态安全中的关键作用。

这些论述不仅凸显了思想政治工作在中国社会主义现代化进程中的核心地位，也显示了邓小平对于坚持和发展中国特色社会主义的全面战略思考。通过强化思想政治工作，邓小平旨在为中国的改革开放和现代化建设提供坚强的思想保证和精神动力。

在中国改革开放的关键时期，思想政治教育的任务尤显重要。邓小平深刻认识到，在经济全球化和国内改革开放深入进行的背景下，社会不仅面临着巨大的机遇，也暴露出一系列挑战和问题，尤其是在思想文化领域。这种情况要求对思想政治教育进行长期的、系统的加强和完善。

---

① 邓小平文选：第三卷 [M]．北京：人民出版社，1993．110

（四）强调思想政治教育任务在新形势下的长期性和重要性

随着20世纪80年代末的经济全球化加速和中国改革开放的不断推进，社会的快速变革带来了浮躁心态和深层次的社会矛盾。中西方文化思想的交流进一步深化，西方的多元价值观和自由主义思潮开始影响中国青年，挑战传统的社会主义价值观。同时，由于过去极"左"思潮的影响，部分青年开始批判甚至否定中国的主流意识形态。这些因素共同作用下，社会转型过程中的矛盾尤为突出，尤其是青年一代的参与意识和忧患意识之间的矛盾加剧，导致了1989年的政治风波，这对社会稳定造成了极大的冲击。

邓小平在总结这一历史事件的教训时，以伟大的战略家眼光指出了思想政治教育的长期性和重要性。他认识到，十年改革中最大的失误是在教育方面，尤其是思想政治教育的削弱。他在1989年6月9日接见首都戒严部队军以上干部时深刻指出："十年最大的失误是教育，这里我主要是讲思想政治教育，不单纯是对学校、青年学生，是泛指对人民的教育。对于艰苦创业，对于中国是个什么样的国家，将要变成一个什么样的国家，这种教育都很少，这是我们很大的失误。"[①]

这番话凸显了邓小平对于坚持和完善思想政治教育的坚定立场。他强调，思想政治教育不仅是青年学生的任务，更是涵盖所有人民的广泛任务。只有通过持续而深入的思想政治教育，才能确保全体人民正确理解和支持改革开放和现代化建设的目标，维护社会稳定，促进社会和谐发展。

邓小平的这些见解和指示为新形势下加强思想政治教育提供了理论依据和实践方向，强调了思想政治教育在确保国家长期稳定发展中的核心作用。

第四节　新时代党中央关于思想政治教育的重要指示

大学生思想政治教育在推进中国特色社会主义建设和高等教育改革发展的整体战略中具有至关重要的作用。习近平强调，大学生思想政治教育关乎如何办学、关乎党在高校的领导地位，关乎中国特色社会主义事业的人才培养，凸显了其核心重要性。

[①] 邓小平文选：第三卷［M］．北京：人民出版社，1993，306

一、党对高校的领导

党对大学生思想政治教育的领导对我国高等教育的发展方向、价值取向和人才培养目标具有决定性影响,同时增强了该领域的权威性和指导性,这一点具有重要意义。

(一) 党对大学生思想政治教育全面领导的本质内涵

党对大学生思想政治教育的全面领导本质上是发挥其在全局中的核心领导作用。一方面,为了实现党的中心任务,高等教育必须培养出高素质的人才。大学生思想政治教育直接服务于党的中心任务,引导人才培养的方向,通过加强党的领导,确保人才培养目标的正确性。在新时代,大学生思想政治教育坚持为党育人,致力于培养能够承担党的使命和任务的优秀人才。新的历史使命要求传承历史、迈向新的征程,坚定立场、保持方向,向着既定目标前进。习近平总书记在2018年在北京大学的一次座谈会上强调,高校必须全面实施党的教育方针,其中"坚持党对高校的领导"不仅是基础性工作,也是确保教育方向正确的关键任务。

另一方面,面对大学生思想政治教育的现实挑战,加强党的领导变得尤为重要。习近平总书记曾指出,"党对教育领域的领导以及党的建设、思想政治工作亟须加强"。在党的十八大前后,一些高校存在党的领导减弱、政治方向不明确的问题,甚至有师生行为损害党的形象。对此,习近平总书记批评道,"有的高校党委在领导方向和谋划重大事项上不够有力,缺乏应有的决断力"。这突显了加强党的全面领导在高校的紧迫性和重要性,也体现了对这一现实需求的响应。

(二) 党的全面领导为大学生思想政治教育的创新发展保驾护航

习近平总书记指出,党对大学生思想政治教育的领导是新时代高校教育创新发展的需求。首先,党的领导具有传承性。在新形势下,高校思想政治工作理论的创新迫切需要强化"为党育人"的观念。"为谁培养人"是新时代必须解答的理论问题,习近平总书记明确提出"为党育人"的理念,强调"党办的大学让党放心",这为高校思想政治工作的创新发展提供了指导。党的高校思想政治工作理论一直围绕并服务于党的伟大事业,保持"为党育人"的政治立场坚定不移。作为马克思主义执政党,中国共产党始终全心全意为人民服务。实现中华民族伟大复兴是一项长期且艰巨的任务，需要一代代共产党人领导人民为之奋斗，并培养高质量的人才。自成立以来，中国共产党将自身发展与国家的独立、富强、民族振兴和人民幸福紧密相连，赢得了人民的支持，并吸引、培养了大量人才参与到党的伟大事业中。从新中国成立以来，大学生思想政治教育一直坚持党的教育方针，坚守"为党育人"的政治立场。毛泽东曾指出，党的教育方针应使受教育者在德、智、体各方面发展，成为有社会主义觉悟、有文化的劳动者；邓小平强调教育必须服务于社会主义建设，社会主义建设也依赖教育。党的十六大报告进一步提出，培养德智体美全面发展的社会主义建设者和接班人。早期党办大学中，思想政治教育被置于重要位置，确保党的伟大事业后继有人。习近平总书记在多次重要场合强调了加强党的领导的重要性。目前高校通过思想政治教育加强党的领导，使高校成为让党放心、让人民满意的大学。新时代大学生思想政治教育应有更高的政治站位，为党育人，培养接班人，坚持在党的方向上创新发展。

其次，要健全创新发展的制度。习近平总书记在多个场合强调通过完善体制机制来巩固党的领导地位。他指出，"思想教育要结合制度落实进行，抓住主要矛盾，不搞空对空"。这一论述阐释了思想建党与制度建党的内在逻辑，并强调了制度建设在思想教育中的重要作用。党对高校的全面领导需要通过健全制度、完善党内法规实现，包括建立思想

政治教育工作责任制、制定责任清单、明确措施与步骤，确保高校党委把方向、管大局、作决策、保落实，承担起管党治党、办学治校的责任。习近平强调"改革创新是时代精神"，如何根据时代发展和学生实际，使思想政治教育变得生动起来，提高学生的"到课率""抬头率"和"点头率"，让学生乐于学习，教师乐于教，共同完成"为党育人"的伟大事业，是一个现实课题。党领导的中国特色社会主义事业是一项前无古人的伟大创举，具有光明的发展前景，但也面临不可预料的风险挑战，对大学生思想政治教育提出了更高要求。大学生思想政治教育创新发展才能实现初心使命，明确"为党育人"的紧迫性。

二、事关大学办学方向

习近平总书记在大学生思想政治教育中始终强调坚持马克思主义意识形态的核心地位，并明确指出了其应有的价值导向，这对于确保大学办学方向的正确性具有深远的意义。这些重要论述深刻回答了新时代大学生思想政治教育在大学办学中的关键作用。

（一）坚持马克思主义在意识形态领域的指导地位

坚持马克思主义在意识形态领域的指导地位是实现社会主义办学方向的思想基础。习近平总书记在党的二十大报告中强调，必须将马克思主义在意识形态领域的指导地位作为一项基本制度来坚持。因此，大学生思想政治教育必须以马克思主义为核心，在思想理论建设、社会科学研究和教育教学中加强和改进，确保全员、全程、全方位的育人体系得到有效实施。要坚决掌握党对意识形态工作的领导权，确保思想舆论阵地坚守在党的手中。如习近平总书记所指出的，这是一场关键的"争夺阵地、争夺人心、争夺群众"的斗争。如果我们不主动占领这些阵地，其他力量将会取而代之。作为思想碰撞的前沿和文化交融的汇聚地，高校必须确保社会主义办学方向坚定不移。

首先，办好具有中国特色的社会主义大学，高校需明确立德树人的根本任务。在党的二十大报告中，习近平总书记专门将教育与人才培养作为一个独立章节进行阐述，突出显示了对人才培养的高度重视。面对百年未有之大变局，中华民族伟大复兴为高校人才培养赋予了新的使命，这也对新时代的高校提出了明确立德树人的新要求。在这一时代背景下，大学生思想政治教育应承担起立德树人的重任，将培养德智体美劳全面发展的社会主义建设者和接班人作为其根本使命，培养出大批德才兼备的高素质人才。

其次，马克思主义作为我国大学的根本指导思想，是历史和人民的选择。习近平总书记在党的十九届四中全会中强调，坚持马克思主义在意识形态领域的指导地位是一项基本制度。作为一种科学理论，高校必须不懈努力传播马克思主义理论，这是新时代大学生思想政治教育的核心职责。大学生思想政治教育应确保马克思主义成为全校师生的坚定信仰，真正做到信仰坚定、理解深刻、应用自如。同时，高校应在制度层面加强思想政治教育工作，确保马克思主义在高校意识形态领域的核心地位，保证人才培养方向的正确性和教育质量的保障。

（二）坚持"四为服务"是社会主义教育方向的战略要求

"四为服务"原则由习近平总书记在全国高校思想政治工作会议上提出，明确教育应"为人民服务，为中国共产党治国理政服务，为巩固和发展中国特色社会主义制度服务，为改革开放和社会主义现代化建设服务"。这一原则为新时代高校确立了社会主义办学方向的战略要求，强调教育必须与国家和民族的发展密切相关，服务于民族复兴的伟大事业，培养能担当民族复兴重任的人才。

首先，"四为服务"要求大学生思想政治教育坚持办好"人民满意的大学"为其核心价值追求。在新时代高等教育"四为服务"方针的指导下，应主动构建与实现这一目标的有效路径。"教育为人民服务"体现了党的"以人民为中心"的执政理念在教育领域的实践，而办好"人民满意的大学"是满足人民教育期望的直接体现。

其次，"四为服务"强调大学生思想政治教育应致力于为马克思主义执政党和社会主义国家培养治国理政的杰出人才。"为中国共产党治国理政服务"是执政党对思想政治教育价值的具体要求，强调思想政治教育需为党的治国理政人才培养提供理论指导和人才支持。

再次，"四为服务"要求思想政治教育展现其政治功能，专注服务中国特色社会主义制度，而非其他制度，尤其是资本主义制度。应用马克思主义的中国化最新理论成果指导思想政治教育，以培养能够推动社会主义建设和接班的人才。

最后，"为改革开放和社会主义现代化建设服务"突出其对现代价值的强调。在中国特色社会主义新时代背景下，改革开放持续深化，中国的开放大门将持续扩大。面对迈向社会主义现代化国家的新征程，思想政治教育必须紧跟时代步伐，创新前行，全力支持党和国家的核心任务。

三、事关中国特色社会主义事业后继有人

在新时代，加强和改进大学生思想政治教育工作，对于传承中国特色社会主义事业及实现立德树人的根本任务至关重要。习近平总书记明确指出："我国高等教育肩负着培养德智体美全面发展的社会主义事业建设者和接班人的重大任务，必须坚持正确的政治方向。"

（一）培养担当民族复兴大任的时代新人

培养能够担当民族复兴大任的时代新人，是新时代大学生思想政治教育的核心目标。习近平总书记在考察中国人民大学时鼓励学生努力成长为能够担当民族复兴重任的时代新人，并在党的二十大报告中再次强调了这一点。这表明在新时代，大学生思

想政治教育的重要职能是与党和国家的使命紧密相连，服务于国家发展战略。高校必须全心全意培养时代新人，这是新时代大学生思想政治教育的使命。在"中国梦"的引领下，个人梦想与国家梦想的融合成为新时代教育的主旋律，通过与时代同行、与人民同心，高校应全力培养学生的爱国主义情怀。

从基本素养看，时代新人应具备坚定的理想信念。大学生思想政治教育应以此为基础，树立与国家前途命运同心同向的信念。作为未来的生力军，大学生应将爱国心与建设和发展国家的志向结合起来，服务于时代主题。习近平总书记鼓励青年以报国为志，勇于开拓进取，与青春的中国和民族共成长。在此过程中，高校作为人才培养的基地，应坚持为党育人、为国育才的原则，教师和学生应共同携手前行。

习近平总书记高度重视大学生思想政治教育在培养"时代新人"中的作用。他强调，如何培养人是检验一个政党、一个政权性质的试金石，关乎党的生存和国家的安全。大学生思想政治教育应全力将我国的人口优势转化为人才资源优势，通过教育培养出更多优秀人才，实现既定培养目标。

特别是在培养顶尖科技人才方面，思想政治教育的作用不可小觑。它激发学生将深厚的爱国情怀转化为攀登科学高峰的动力，摆脱自利倾向，将个人追求融入国家需求。在关键技术领域，习近平总书记指出"关键技术是买不来的"，高校需要培养能够掌握核心技术的科学家，以科技创新和技术突破支撑国家的未来。

通过强国教育和创新驱动，科技报国已成为新时代大学生的使命。大学生思想政治教育应强化这一认识，明确国家的需求即学生奋斗的最高价值。只有将个人理想与国家的前途紧密结合，学生才能在科技创新的道路上不断前行，实现个人价值与国家需求的高度统一。

（二）怎样培养人：坚持"四个坚持不懈"的方法路径

立德树人是教育的根本任务，对高等教育机构尤为关键。习近平总书记就如何贯彻这一使命进行了一系列重要指导，并强调了高校在实施这一任务中应"坚持不懈传播马克思主义科学理论、坚持不懈培育和弘扬社会主义核心价值观、坚持不懈促进高校和谐稳定、坚持不懈培育优良校风和学风"。这"四个坚持"全面阐述了大学生思想政治教育的重要职责，反映了社会主义意识形态的核心要求，是确保人的全面自由发展的必要条件。

1. 坚持不懈传播马克思主义科学理论

这一点在新时代大学生思想政治教育中尤为重要，显示了中国共产党高举马克思主义旗帜的决心。正确的思想理论不仅可以深化师生的政治信仰，而且能实际应用于解决现实问题。高校党委主要负责人应担负起领导责任，确保学校的思想政治教育不偏离正确政治方向。同时，学校应重视思想政治教育基础设施的建设，提升思政课程的质量，确保马克思主义理论在校园内的广泛传播和深入人心。

2. 坚持不懈培育和弘扬社会主义核心价值观

在道德培养方面，高校承担着塑造时代新人的责任。面对市场经济的快速发展和多元文化的影响，高校需积极培育和弘扬社会主义核心价值观，抵御消极思潮的侵蚀。将这些价值观融入日常教育和校园文化中，不仅有助于形成正面的教育氛围，而且可以增强学生的社会责任感和集体荣誉感。每个教师和学生都应在自己的实践中体现这些核心价值观，共同构建和谐的校园环境。

3. 坚持不懈促进高校和谐稳定

"坚持不懈促进高校和谐稳定"是新时代大学生思想政治教育的关键任务之一，旨在为人才培养创造一个健康、稳定的环境。习近平总书记强调维护高校的和谐稳定是教育活动开展的基础和前提。目前，一些高校面临师生关系紧张、学生心理问题增多、教师师德意识减弱等问题。鉴于高校学生人数庞大、思想多元且信息环境复杂，这些问题如果不加以解决，可能引发群体性事件，从而影响校园稳定。因此，习近平总书记高度重视高校的健康发展，呼吁将高校建设成为充满人文关怀和团结稳定的示范场所。一个和谐稳定的校园环境不仅是社会文明的体现，也应使教师职业更受尊重，校园成为学生美好回忆的地方。

面对新时代的挑战和期待，高校需要将思想政治教育的优势转化为发展优势，关注师生的全面健康发展。从个体的身心安全、社会意识形态安全到国家政治安全，多维度确保高校的和谐稳定，为高校的长远发展提供保障。稳定是所有发展活动的前提，没有和谐稳定的校园环境，高校的目标难以实现。

高校和谐稳定不仅是一个内部目标，也是社会和谐的一个缩影，需要持续的努力来维护和发展。首先，社会的大环境直接影响到校园的小环境；其次，高校师生间和谐的心理和人际关系是高校自身高质量发展的内生动力，这也是思想政治教育应承担的职责。在全面建设社会主义现代化国家的过程中，一个风清气正的社会环境能促使教师专心教学、学生专心学习，形成一个安定而有序的发展环境。高校师生应具备坚定的信仰、明确的理想、扎实的能力和奋斗的意愿，为国家强盛和民族复兴贡献智慧力量。

在具体实施上，高校和谐稳定的促进应包括确保校园的实际安全和师生的生命健康，同时在精神层面加强对学生的人文关怀和心理指导。培养学生形成理性、平和的心态，把高校建设成为团结稳定的典范。高校应以自身的积极发展带动社会进步，不断形成一个理性、平和的社会心态，推动社会的稳定和远见发展，形成高校与社会和谐稳定的良性循环。

4. 坚持不懈培育优良校风和学风

"坚持不懈培育优良校风和学风"是新时代大学生思想政治教育在育人成才方面的重要职责。习近平总书记明确指出，高校的立身之本在于立德树人，强调高校是培养青年人才的关键场所。尽管学校承担多种社会功能和使命，培养人才始终是其最核心的任务。高校不仅需要提供扎实的知识教育，更应致力于营造良好的校园文化，这对于培养优秀人才至关重要。

校风，即校园文化氛围，反映了一所学校在教育目标、理念、经验方面的综合体现。它不仅显示学校的无形竞争力，还区分了学校之间的本质差异。优良的校风和学风的培育是一个长期、系统性和整体性的工作。高校需要注重文化建设和宣传工作，通过组织系列主题活动，营造一种健康向上、崇德向善的校园环境。这样的环境将有助于将优良的校风和学风转化为师生自觉遵守和践行的行为规范。此外，高校应加强制度建设，提升教育全过程管理，规范师生行为，以优良的考风促进学风，以良好的学风推动教风，以积极的教风强化校风，确保校园治理有序、管理到位、风气纯正。

另一方面，教师的作用在培养人才过程中至关重要。优良的校风和学风不仅是教育的前提，也是教育的成果。校风体现了高校师生的精神风貌，学风则反映了学习的态度和学术氛围。教师是这种文化的创建者、领导者和推动者，而学生则是其受益者和传承者。思想政治教育应全面贯穿学校的各项工作，引领校风和学风的健康发展。校风和学风不仅是高校人才培养的特色，也为人才的成长提供了必要的文化环境。

高校的校风和学风具有深远的影响，可以塑造人的一生。在新时代，高校应持续弘扬立德树人的价值导向，培养学生的拼搏精神和正直诚信的学术态度，激发学生的求知欲望。高校应不断优化自身的校风和学风，强化内部治理，构建风清气正的校园环境，帮助学生成长为具有理想、道德、学识、创新和实践能力的新时代人才。

通过这些努力，高校不仅能够培养出能够竞争和合作的优秀人才，还能解决现实和心理问题，促进每个个体的健康成长，形成一个理性、平和的校园学习和工作环境。高校应以示范作用，带动社会进步，实现校园和社会的和谐稳定，为全面建设社会主义现代化国家贡献力量。

(三) 为谁培养人：为党和国家培养社会主义建设者和接班人

大学生思想政治教育应集中关注学生这一核心，将"立德树人"的根本使命贯穿于新时代人才培养的全方位和全过程中，培养出能够为国家、社会、人民作出贡献的人才。这明确了我国大学生思想政治教育的目标方向，直接回答了培养什么人、怎样培养人、为谁培养人的关键问题。

习近平总书记强调"为党和国家培养社会主义建设者和接班人"的目标理念，这反映了中国特色社会主义新时代的客观需要。随着中国特色社会主义进入新时代，中华民族日益走近世界舞台中心，全国人民期待着中华民族伟大复兴，国家现代化建设对高素质人才的需求前所未有地强烈。因此，"为党和国家培养社会主义建设者和接班人"已成为新时代高校发展的必然选择。在国家发展的每一个阶段，人才始终是国家的核心竞争力。

习近平总书记在全国高校第二十次党建工作会议上强调，高校是青年人才培养的重要场所，应持续提供高素质人才。党的二十大进一步确立了中国式现代化推进中华民族伟大复兴的宏伟目标，这要求培养大量具备必要能力和高素质的人才，推动国家各方面的高质量发展。

因此，新时代呼唤高校承担起人才培养的重要使命，强化思想政治教育，确保"为党和国家培养社会主义建设者和接班人"这一目标的实现。这意味着，大学生思想政治教育需要具备新的担当，不仅要立足于当前国家高质量发展的需求，更要从中华民族伟大复兴的长远目标出发，着眼于培养能够引领未来的领军人才。

习近平总书记明确指出，培养大批德才兼备的高素质人才是国家和民族长远发展的重大计划。当前，国家和民族的长期发展战略是建设社会主义现代化强国，实现中华民族伟大复兴，最终目标是实现国家富强、民族振兴、人民幸福的"中国梦"。

因此，大学生思想政治教育的首要任务是引领广大师生立足科技强国的前沿，成为高端人才和科技领军人才。同时，高校需转变人才培养观念，认识到高端创新人才的培养是不可外求的，必须加快自主培养的步伐，坚持自主培养与积极引进相结合的策略，完成"为党和国家培养社会主义建设者和接班人"的时代任务。

面对科技的快速发展，高校应引导师生树立远大志向，以身许国，勇攀科技高峰，在科技创新和国家建设中贡献青春力量。高校的师生应将个人的成长与国家的需求相结合，通过优良的学风和校风沉浸体验，实现自我与国家目标的高度一致，共同推动国家和民族的长远发展。

在新时代的背景下，尽管广大师生整体表现出积极向上的态势，但仍存在一些不利于人才培养的负面环境。在这种现实情况下，大学生思想政治教育显得尤为重要，需要通过教育、引导和激励来提升师生的期望值，帮助他们突破舒适区，敢于挑战和持续奋斗，为国家作出贡献。习近平总书记指出，"只有把自己的小我融入祖国的大我、人民的大我之中，与时代同步伐、与人民共命运，才能更好地实现人生价值、升华人生境界"。因此，新时代高校"为党和国家培养社会主义建设者和接班人"的核心，就是培养能够超越个人利益，将国家和人民利益置于首位的人才，在服务国家和人民的事业中实现个人的人生价值。

面对这些挑战，大学生思想政治教育的首要任务是引导广大师生正视现实世界的复杂性，形成正确的认知，抵抗消极懈怠的思想侵蚀。这包括鼓励青年大学生基于国家和人民的实际需求去思考和行动，鼓励他们到基层、艰苦地区、国家最需要的地方去建功立业。应牢记历史教训，如"落后就要挨打"，并以此激发学生的斗志，让他们在创造有价值的成就的过程中，培养自己成为可堪大用、能担重任的栋梁之材。

新时代的大学生思想政治教育必须坚持以"为党和国家培养社会主义建设者和接班人"为导向，担当起这一重任。在全面建设社会主义现代化强国的今天，国家对人才的需求空前强烈。高质量的发展迫切需要高质量的人才，而教育强国则需要更多具有深厚学识和高尚品德的教师来培养这些重要人才。高校需要增强人才供给，支持我国从人口大国转变为人才强国。科技强国的建设需要大量原创性创新人才来攻克科技难关，实现科技自立自强。健康中国的构建需要大批医卫人才深入基层，提升全民健康水平；而美丽中国的实现需要全民参与，共同保护我们的生态环境。同样，体育强国的建设也需要创新人才来推动体育事业的全面发展，倡导全民健康。

因此，新时代大学生思想政治教育的关键在于充分发挥其在保障人才培养方面的作用，通过全面的人文关怀，激发师生的内在动力，增强他们认识世界和改造世界的能力，从而达到"促进人的全面发展和社会全面进步"的目标。习近平总书记强调，应引导广大师生坚持"有信念、有梦想、有奋斗、有奉献"的精神，积极"勤学、修德、明辨、笃实"，培养"爱国、励志、求真、力行"的品质。师生应以坚定的信念、优良的品德、丰富的知识、过硬的本领，成为社会的奋进者、开拓者和奉献者。通过持续努力，创造有意义、有价值、有境界的人生，高校必须坚持"为党和国家培养社会主义建设者和接班人"的目标导向，全面推动高等教育的创新发展。

第二章　新时代大学生思想政治教育的原则

在当今多元化和信息化迅速发展的背景下，大学生思想政治教育显得尤为重要。随着新时代的到来，我们必须审视和更新传统教育模式，以适应日益复杂的社会环境和年轻一代的思维方式，把握年轻一代的特点和需求，从而在教育的内容、方法和手段上进行创新。我们需要深入分析大学生的思想活动、行为习惯以及他们的成长环境，结合时代特征制定更具前瞻性和实效性的教育策略。

第一节　坚持政治性与学理性相统一的原则

在当前全球化和信息化迅猛发展的时代背景下，大学生的思想政治教育面临前所未有的挑战和机遇。大学生作为国家未来的栋梁，其思想政治素质直接关系到国家的发展和社会的稳定。随着社会多元价值的冲击和网络信息的爆炸性增长，大学生的思想观念和价值取向呈现出多样化的特征，这对思想政治教育提出了更高的要求。

在这样的背景下，将政治性与学理性有效地统一在高等教育中显得尤为重要。政治性是指教育活动中传达和培养正确政治方向、政治立场、政治观点的属性，它是思想政治教育的核心。学理性则强调教育活动应基于科学理论和逻辑推理，强调理性思考和批判性分析。这两者在传统观念中往往被看作是对立的，但在新时代大学生思想政治教育中，二者的融合已成为一种必然趋势。

一、政治性与学理性的理论基础

在新时代大学生思想政治教育中，政治性与学理性是两个核心的概念，它们各自承载着不同的教育职能与目标，但又相互联系和作用，共同构成了思想政治教育的完整框架。

（一）政治性的概念

政治性在思想政治教育中扮演着至关重要的角色，主要体现在教育的意识形态导向和履行的政治任务上。具体来说，这涉及传达正确的政治理念、价值观念和行为准则，这些都是构成社会主义核心价值观的基本要素。教育不仅需要传授知识和技能，更要确保学生能够理解并接受这些价值观，将其内化为自身行为的指南。

此外，政治性还确保教育活动与国家的政治方向和政策保持一致。在快速变化的社会环境中，国家政策可能会根据国内外形势的变化进行调整，思想政治教育需灵活应对这些变化，确保教育内容与时俱进，反映出国家的最新政治立场。

政治性的核心目的在于形成和巩固学生的政治立场，使他们在理解国家的政治理论和政策的同时，形成对社会主义事业的认同感和责任感。这一过程不仅帮助学生建立正确的世界观、人生观和价值观，还鼓励他们积极参与到社会主义现代化建设中，成为社会主义事业的建设者和坚定的接班人。通过这样的教育，学生不仅学会如何思考，更重要的是学会了为什么而思考，他们的政治觉悟和理论水平将直接影响国家未来的发展轨迹和社会的整体进步。

（二）学理性的概念

学理性在思想政治教育中的作用至关重要，其核心在于关注教育内容的科学性、逻辑性和理论深度。这不仅意味着教育内容需要建立在科学的理论基础之上，还要求教育过程中严格遵循逻辑推理的规则。通过这种方式，思想政治教育能够超越简单的知识传授，进而深入探讨理论与实践的联系，使学生能够在掌握坚实的理论基础的同时，学会如何将这些理论应用于实际问题。

此外，学理性还强调通过批判性思维和理性分析来培养学生的独立思考能力。在教学过程中，教师应鼓励学生质疑现有的知识和观念，推动他们不断求证和反思，这种教育方法有助于学生形成科学判断力和决策能力。例如，在讨论社会和政治问题时，学生应被鼓励从多个角度进行分析，考虑不同的可能性和结果，这样的训练有助于他们在未来面对复杂问题时，能够作出更加理性和全面的判断。

最终，学理性的强调是为了确保思想政治教育不仅仅停留在政治宣传的层面，而是成为一个真正意义上的、促进个体全面发展的学习过程。在这个过程中，学生不仅学习到如何成为一个合格的社会主义公民，更是在不断发展自己的批判性思维能力和理性分析能力，这些能力将在他们的学术生涯和未来职业生涯中发挥极其重要的作用。通过这样的教育，学生能够在理解和接受社会主义核心价值观的同时，也能培养出对知识的深刻理解和对世界的宽广视野。

（三）政治性与学理性的相互作用

政治性与学理性的内在联系与相互作用是思想政治教育成功的关键因素。有效的思想政治教育必须确保其内容不仅传达正确的政治导向，也维护科学性和理论性的高标准。这种统一不是简单地将两者并置，而是要在教育实践中使二者互补、互促，形成一种动态的平衡。

首先，政治性的引导作用确保了学生能够接受并认同国家的基本政治路线，这对于培养学生的国家观念和历史使命感至关重要。同时，学理性的严格要求则保证了这一过程不会偏离科学的轨道。通过科学的方法论和逻辑推理，思想政治教育帮助学生建立起批判性和分析性的思维模式，这对于他们理解复杂的社会政治现象和作出理性判断非常重要。

此外，将政治性与学理性有效结合，可以帮助学生在认识到自己的政治责任的同时，也能够发展成为具备独立思考能力的个体。这样的教育不仅仅是灌输固定的知识，更是在激励学生发现问题、分析问题并寻求解决问题的策略。这种能力是现代公民所必需的，特别是在当前社会多元、信息爆炸的背景下，高度的批判性和创造性思维显得尤为重要。

通过这种方式，思想政治教育能够在确保学生忠诚于社会主义事业的同时，也培养他们成为具有社会责任感、批判性思维和创造力的现代公民。这种教育的成功不仅表现在学生的政治认同上，更体现在他们作为一个全面发展的人的能力上——能够理性地思考，勇于创新，以及在面对社会挑战时展现出来的领导力和责任感。

总之，政治性与学理性不应被视为教育中的对立面，而应该是相辅相成的两个方面。在新时代大学生思想政治教育的实践中，探索两者的有效结合，将对实现更高质量的教育成果和培养更多优秀人才具有重要意义。

三、政治性与学理性相统一的原则

在新时代大学生思想政治教育中,实施政治性与学理性统一的原则不仅是必要的,而且是至关重要的。这些原则确保教育内容和方法不仅反映出新时代的精神和要求,还符合科学的发展规律和教育的普遍原则。在这种框架下,教育活动能够在培养学生的政治觉悟的同时,也促进他们的科学思维和批判性分析能力的发展。

(一)坚持党的领导

政治性与学理性相统一首先要坚持党的领导。这意味着所有的教育内容和方向都必须与党的教育方针保持一致,确保教育活动在正确的政治方向上推进。这不仅涉及教育内容的设计,更包括教育方法和实践的整体规划。在大学生思想政治教育中坚持党的领导,确保了教育活动能够围绕正确的价值观和理念展开,形成学生对社会主义核心价值观的深入理解和认同。

这一原则的实施需要教育者具备深厚的政治理论素养和科学的教育理念。通过将党的理论和政策融入课程内容,教育者不仅在传达国家的政治路线,而且通过科学的教学方法,帮助学生理解和消化这些政治理念,使其能够在现实生活和将来的社会实践中应用所学知识,体现出政治性与学理性的高度统一。

(二)坚持社会主义核心价值观

社会主义核心价值观在新时代的思想政治教育中占据着至关重要的地位。社会主义核心价值观包括富强、民主、文明、和谐等,这些价值观是培养现代公民所必需的道德标准和行为准则。教育活动通过各种方式传播这些核心价值观,如课程内容的整合、校园文化活动的组织,以及日常教学互动中的强调,从而在学生心中深植这些价值观。

这种价值教育的实施,不仅有助于学生形成正确的世界观和人生观,还帮助他们理解和接受作为社会成员应尽的责任和义务。通过体现社会主义核心价值观的教育活动,学生能够学习如何在社会中以正面和建设性的方式行事,如何与他人和谐相处,以及如何为建设一个更加繁荣、公正的社会贡献自己的力量。

在具体教育实践中,这意味着教育者需要设计和实施一系列教育策略和活动,这些策略和活动应能有效地将社会主义核心价值观融入学生的日常学习和生活中。例如，通过课程讨论、小组项目、社会实践活动和志愿服务，学生可以在实际操作中体验和实践这些价值观，从而加深对它们的理解和认同。

因此，反映社会主义核心价值观不仅是教育内容的重要组成部分，也是塑造学生行为和心理的关键。这种教育不仅塑造了学生的内在价值观，还为他们将来成为有用的社会成员和负责任的公民奠定了坚实的基础。通过这样的教育，学生能够更好地理解自己在社会中的角色和责任，为他们的未来行为和决策提供道德和伦理的指导。

（三）坚持理论与实践结合

政治性与学理性相统一这一原则强调，思想政治教育不应仅停留在理论的传授上，更应关注理论知识如何转化为实际行动的能力。深厚的理论基础是教育的根本，提供了理解复杂社会现象的框架；而丰富的实践内容则是理论知识落地的关键，帮助学生将抽象理论具体化，增强学习的针对性和实效性。

在理论教育方面，需要采用深入浅出的教学方法，使复杂的政治和社会理论对学生来说既容易理解又易于接受。通过引入多样的教学媒介和互动式教学策略，如案例分析、故事讲述和模拟游戏等，教育者可以更有效地帮助学生理解和吸收理论知识。这种教学方法不仅提高了学生的学习兴趣，也加深了他们对理论内容的记忆和理解。

在实践教育方面，应紧密联系实际，设计与现实生活和学生未来职业紧密相关的活动。这可以通过组织实地考察、社会服务、模拟实验和项目式学习等形式进行，使学生有机会将课堂上学到的理论知识应用于解决实际问题中。例如，通过参与社区服务项目，学生可以实际体验和理解社会主义核心价值观在现实社会中的应用，同时培养他们的社会责任感和团队合作能力。

通过这种理论与实践的有效结合，思想政治教育能够更全面地发挥其功能，不仅提高学生的理论水平，也锻炼他们的实际操作能力。这种教育模式有助于学生在未来的学习和工作中，能够灵活运用理论知识解决问题，以此促进其全面发展，更好地服务于社会主义现代化建设。

在教育实践中坚持这些原则，需要教育者具备高度的政治敏锐性和专业能力。教育内容既要符合政治要求，又要具有学术深度，这需要教育者在教学过程中精心设计课程内容，合理安排教学活动。例如，可以通过案例分析、角色扮演、辩论赛等多种教学方法，让学生在亲身体验和批判性分析中深化理解，从而实现教育目标的高效达成。

综上所述，政治性与学理性的统一不是一种简单的叠加，而是一种深度的融合。通过坚持这些原则，新时代的思想政治教育能够更好地培养出符合社会主义现代化建设需要的高素质人才，这些人才将在促进国家发展和社会进步中发挥核心作用。

第二节 坚持以人为本的教育原则

当前，随着教育理念的进步和学生需求的多样化，传统的教育模式已逐渐不能满足大学生的个性化和全面发展需求。因此，"以人为本"的教育原则被提了出来，并广泛讨论其在高等教育中的适用性和必要性。这一原则强调以学生的发展为核心，注重教育的人文关怀和个体差异，主张在教育过程中应充分考虑学生的兴趣、特长和职业发展需求。在思想政治教育中应用"以人为本"的原则，有助于激发学生的内在动力，培养他们的独立思考能力和社会实践能力，更能确保教育内容和方法的现代化与科学化。

一、"以人为本"教育原则的理论基础

"以人为本"教育原则是现代教育理念中的一个核心概念，其基本含义强调教育应以学生的成长、发展和利益为核心。这一原则不仅关注学生知识技能的提升，更注重学生个性的全面发展和自我实现的机会。在实际教育过程中，这意味着教育活动的设计和实施应围绕学生的需求展开，尊重学生的主体地位，促进学生的积极参与，以及通过多样化的教学方法满足不同学生的学习需求。

将"以人为本"原则与马克思主义教育观联系起来，可以看到二者在很多方面是一致的。马克思主义教育观强调教育的目的在于全面发展个人，使个体不仅拥有自由发展的能力，也成为社会发展的积极贡献者。从这个角度来看，"以人为本"原则通过关注个体的全面和谐发展，实际上是在推动社会整体利益的实现。教育不应仅看重知识的灌输和技能的训练，而应更多地关注如何培养学生成为有社会责任感、创新精神和批判性思维的公民。

在国际教育理念中,"以人为本"原则同样占据着重要地位。许多国家和地区的教育改革都强调以学生为中心的教学模式,这一理念在全球范围内得到了广泛认可和实践。例如,芬兰和加拿大的教育系统就高度重视学生主体性的培养和个性化教育路径的设计,确保每一个学生都能按照自己的兴趣和能力得到发展。这种教育模式被证明能够有效提升学生的学习动力、创造力及其对社会的适应能力。

总体来看,"以人为本"的教育原则不仅是一种教育目标的转变,更是一种教育方法和过程的重构。它要求教育者在教学设计和实施过程中始终保持对学生利益的高度敏感和关注,通过实现个体的全面发展来促进社会的整体进步。在新时代大学生思想政治教育中,这一原则的运用将更加重要,因为它有助于形成更加开放和包容的教育环境,为学生提供更多自主和创新的空间。

二、"以人为本"原则在思想政治教育中的应用

"以人为本"原则的实施,对于新时代大学生思想政治教育具有重要意义。这一原则可以从多个维度融入教育实践中,包括课程设计、教学方法和评价体系等方面。

(一)课程设计的以人为本

在课程设计方面,应用"以人为本"的教育原则意味着将学生的个性化需求和实际情况置于教学活动的核心。教育内容的设计不应仅仅局限于传统的政治理论和知识的传递,更应与学生的现实生活经验及其未来的职业发展紧密结合。这种方法强调根据学生的具体背景、兴趣爱好以及他们未来职业的方向来个性化地设计课程内容,使之成为一个多维度的学习过程,旨在引导学生进行深入的自我探索和广泛的社会认知。

为实现这一目标,可以采用多种教学方法来增强课程的互动性和实用性。例如,通过案例分析,教师可以选取与学生生活密切相关的政治事件或社会现象,引导学生进行讨论和分析,从而让理论与实际相结合,加深学生对政治知识的理解和应用。此外,角色扮演和模拟议会的活动可以让学生亲身体验不同的社会角色和政治立场,通过模拟辩论和决策过程,不仅培养学生的批判性思维和沟通能力,还能显著提高他们对政治机制运作的直观理解。

通过这些具体的教学策略,学生可以在真实的情境中学习和实践,这不仅能够有效提升他们的政治敏锐性,也有助于培养强烈的社会责任感。这种课程设计策略确保

了教育活动不仅满足学生的知识需求，更触及他们的情感和价值观，使学生能够在思想政治教育的过程中实现个人价值的提升和社会能力的增强。

（二）教学方法的以人为本

在教学方法上，运用"以人为本"的原则确实意味着要采用更加灵活和互动的教学方式，以此来适应不同学生的学习风格和需求。教师应该鼓励学生积极参与到课程讨论中来，利用开放式问题和引导性讨论来激发学生的思考。此外，通过小组合作和项目任务的形式，不仅可以培养学生的团队合作能力，还能激发他们的主动学习和批判性思维能力。

这种互动式教学法可以使学生在实际的学习过程中扮演更积极的角色。例如，小组合作项目可以设计为研究某个政治理论的实际应用，或者调查一个社会问题的多个方面，然后让学生们共同讨论、分析数据，并最终提出解决方案。这样的学习活动不仅能够加深学生对理论知识的理解，还能锻炼他们的研究和分析能力，提升解决实际问题的能力。

通过这种教学方法，学生不仅能够更深刻地理解和吸收所学的知识，还能在实际的学习和讨论过程中识别和分析问题，寻求创新的解决方案。这种能力的培养对于学生将来无论是在学术领域还是在职业生涯中都是非常宝贵的。此外，这种方法还能有效提升学生的自信心和独立思考能力，为他们未来在更加复杂的社会环境中作出合理决策和应对挑战打下坚实的基础。

此外，通过设置以学生为中心的活动和讨论，如辩论赛、主题研讨会等，可以有效提升学生对思想政治教育的兴趣和参与度。这些活动让学生在轻松和开放的环境中自由表达观点，互相学习和启发，增强了学习的动力和效果。通过这些实践，学生不仅能够加深对思想政治教育内容的理解，更能够培养他们的公民意识和社会参与能力。

（三）评价体系的以人为本

在评价体系方面，建立一个公正和全面的评价机制至关重要。这种机制应超越传统的考试和测试方法，不仅考量学生对知识的掌握程度，更重视对学生思考过程、创新能力和实际应用能力的评价。这样的评价方式更能真实反映学生的全面能力和发展潜力，同时激励学生在学习中追求深度理解和创新思维。

具体来说，可以通过多元化的评价方法来实现这一目标。学生的课程反思报告是一种有效的评价工具，它要求学生在每个学习单元后总结自己的学习体会，反思理解过程中的难点与收获，这不仅帮助教师了解学生的思考深度，也促进学生自身的认知成长。此外，项目展示或团队报告可以评价学生在实际操作中的应用能力和团队协作能力，这些都是未来职场中极其重要的技能。

社会实践的成果也是评价学生学习效果的重要方式之一。通过参与社会服务活动或实地考察项目，学生可以将课堂上学到的理论知识应用于解决现实问题，如此类的活动不仅能够测试学生的知识应用能力，还能够增强学生的社会责任感和公民意识。这种评价方式让学生在真实的社会环境中测试和展示自己的能力，更加全面地体现了他们的学习成效和个人发展。

通过这些多样化的评价方法，教育者可以更全面地理解学生的学习进展和能力发展，同时也为学生提供了展示个人才能的多种平台。这种以人为本的评价体系不仅公正客观，而且能够激励学生在学习过程中不断追求创新和实践，培养他们成为能够适应未来社会挑战的全面发展的个体。

综上所述，"以人为本"原则的应用能够让思想政治教育更加符合现代教育的需求，帮助教育者更好地理解和满足学生的多元需求，从而培养出更具创新精神和社会责任感的现代公民。

三、实施策略与挑战

为了有效实施"以人为本"的教育原则，需要一系列具体的策略和措施。首先，教师培训是基础，必须确保教师能够掌握以学生为中心的教学方法，包括培养其对学生差异的敏感性、改进教学技巧以及采用新的评价形式。教师培训还应包括提高教师的信息技术能力，使其能够有效利用数字工具和在线资源，增强教学互动性和吸引力。

其次，课程内容更新也至关重要。这涉及将现有课程与现代社会需求对接，加入跨学科的知识元素，以及更新教学材料以反映最新的学术研究和实践发展。课程内容的更新应当以提升学生批判性思维、解决问题能力和创新能力为目标，同时确保内容的相关性和实用性。

此外，创建支持性的学习环境是实施"以人为本"原则的另一个关键策略。这包括提供充足的学习资源，如图书馆、实验室和学习中心，以及构建一个包容、尊重和鼓励探索的校园文化。支持性的学习环境还应该提供学生健康和心理咨询服务，帮助他们应对学习压力和个人问题。

在实施这一教育原则的过程中，可能会遇到多种挑战。首先，传统的教育模式往往是以教师为中心，这可能限制了新教学法的采纳。此外，资源分配也是一大难题，特别是在经费和设施投入不足的情况下，更新教学内容和方法可能会受到限制。学生多样性的增加也带来了挑战，教育者需要适应不同背景和需求的学生，提供个性化的教学支持。

为了克服这些挑战，可以采取多种解决策略。跨学科合作可以为学生提供更丰富、更一体化的学习经验，也有助于教师资源的共享和知识的交叉促进。利用现代教育技术，如在线学习平台和虚拟现实工具，可以增强教学的灵活性和可达性，同时帮助教师更好地适应学生多样性。此外，提升教育公平性是长期而艰巨的任务，需要政策制定者、教育机构和社会各界共同努力，确保每位学生都能获得高质量的教育资源和机会。

通过这些实施策略和解决方案，可以有效推动"以人为本"的教育原则在新时代大学生思想政治教育中的广泛应用，从而促进学生的全面发展和教育系统的持续改进。

第三节 坚持守正与创新相融合的原则

在当前的教育背景下，大学生思想政治教育的重要性和复杂性不容忽视。这种教育不仅关注学生的知识和技能培养，更重视价值观的引导和思想的成熟，旨在培养负责任、有道德的公民。面对全球化带来的多元文化交流和信息时代的快速变迁，思想政治教育的复杂性表现在如何在保持文化传统的同时，引导学生正确处理新旧观念的冲突，以及如何在开放的思想环境中坚守核心价值。

在这样的教育环境中，"守正与创新相融合"的原则显得尤为重要。这一原则强调在坚守传统的基础上积极探索创新的教育方法，以适应不断变化的社会和技术环境。在当代高等教育中，这一原则的必要性体现在它能够帮助教育者在维护思想政治教育的根本目的的同时，创新教育内容和方法，使其更加贴合当代学生的实际需求和未来发展。

一、"守正与创新相融合"原则的理论基础

在当代大学生思想政治教育中,将"守正与创新相融合"作为一项基本原则,具有深远的理论和实践意义。首先,我们需要明确"守正"的含义。在思想政治教育中,守正是指坚持正确的政治方向和价值观念,确保教育活动符合社会主义核心价值观和国家政策的要求。这一点是思想政治教育的根本,是教育者和学生共同遵守的底线,确保教育的政治属性和思想导向始终保持正确。

与此同时,"创新"指的是在教育方法、内容和手段等方面进行的创新。这些创新应针对新时代的特点和要求,包括采用现代教育技术、更新教学理念以及开发符合当代学生需求的教学内容。例如,利用数字媒体和互联网资源创新教学手段,或者是引入案例教学和项目式学习来增加学习的实践性和互动性。这种创新不仅能增强学生的学习兴趣和参与感,还能有效提高教学的效率和质量。

守正与创新在思想政治教育中的互补性体现在,守正提供了教育活动的方向和目标,而创新则为达成这些目标提供了有效的途径和手段。在快速变化的社会环境中,仅仅守正可能导致教育内容和方法与时代脱节,而单纯的创新则可能偏离正确的政治方向。因此,二者的融合不仅是必要的,而且是实现教育目标的关键。通过将守正与创新结合起来,思想政治教育能够在确保政治正确性的基础上,更好地适应社会发展的需要,培养出既坚定信念又具备创新能力的社会主义建设者和接班人。

总之,守正与创新的融合对于当代大学生思想政治教育的成功至关重要。这一原则不仅强调教育内容的时代性和实用性,也确保了教育方向的正确性和价值导向的清晰,为培养合格的社会主义建设者和接班人提供了理论与实践的双重保障。

二、实施"守正与创新相融合"原则的策略

(一)应用教育技术提升复杂政治理论的易理解性

实施"守正与创新相融合"的教育原则确实是一项复杂且关键的任务,尤其是在思想政治教育领域。为了确保教育活动不仅坚持社会主义核心价值观和政治正确性,同时也能适应新时代学生的学习习惯和技术趋势,引入创新的教育技术和方法变得尤

为重要。

首先，使用数字媒体如视频讲座、多媒体演示等，可以极大地丰富教学内容的表现形式，使抽象的政治理论变得直观易懂，更易于学生理解和记忆。例如，通过动画和图表展示复杂的政治流程或历史事件，可以帮助学生更清晰地把握教学内容的核心要点。

此外，在线互动平台如虚拟课堂和论坛，提供了一个让学生能够随时提问和讨论的环境，这不仅提升了学生的参与度，也鼓励了他们之间的交流和合作。通过设置在线讨论任务或小组协作项目，学生可以在教师的引导下，深入探讨具体问题，从而更主动地吸收和应用所学的政治知识。

实际上，这些技术和方法的引入，不仅使思想政治教育更加符合现代教育的趋势，还有效地提升了学生学习政治理论的兴趣和动力。学生可以通过多样化的学习方式，更加全面和主动地探索政治知识，这对于培养他们的政治意识、批判性思维和解决问题的能力都是极为有益的。通过这种方式，教育者不仅保持了教育的政治正确性和价值导向，也成功地适应了新时代教育的需求和挑战。

（二）应用教育技术提升学生的参与度

深入分析各种教育技术在提升学生政治理论的吸引力和参与度中的作用至关重要。例如，数字媒体的使用，如视频、动画和图形等形式，使得复杂的政治理论通过更加生动丰富的视觉和听觉手段呈现给学生。这种多媒体的教学方式不仅可以更有效地抓住学生的注意力，还可以通过图像和声音的结合来提升信息的传达效率和学生的记忆力。例如，通过动画展示历史事件的发展过程或者通过交互式图表来解释政治系统的工作机制，可以使学生更容易理解并长时间记住复杂的概念和流程。

互动平台，如在线讨论论坛和虚拟课堂，提供了宝贵的空间，使学生能在教师的引导下讨论和辩论各种政治问题。这种平台不仅使教育过程更加民主化，也让学生能够从不同的视角考虑问题，通过与同学的互动深化对政治理论的理解。例如，在一个虚拟课堂上，学生可以围绕一个具体的国际事件展开小组讨论，每个小组可以从不同的政治理论出发，提出并辩护自己的观点，这样的活动显著增强了学习的互动性和深度。

此外，模拟游戏和角色扮演活动允许学生通过模拟实际的政治决策过程来应用所学的知识。这种教学方法通过实践操作将理论知识与实际应用相结合，不仅使学生在安全的环境中尝试和错误，也能够从中学到如何在复杂的政治环境中作决策。例如，通过参与一个模拟联合国会议，学生可以扮演不同国家的代表，亲自制定和阐述国家政策，这种体验极大地提升了他们的综合理解力和分析能力，也培养了他们的外交和公共演讲技巧。

通过这些创新的教育技术和方法，思想政治教育可以变得更加动态和吸引人，有效地提高学生的学习动机和参与度，最终达到教育的目的和效果。这些技术不仅仅是新工具的应用，更是教育模式创新的体现，有助于培养出更具批判性思维和实践能力的学生。

（三）提升学生实际问题的解决能力

探讨跨学科课程设计的重要性也是实现"守正与创新相融合"原则的关键一环。通过将政治教育与学生的专业学习和实际问题解决能力相结合，思想政治教育可以更加贴近学生的实际生活和未来职业发展，从而提高其相关性和效果。

例如，可以设计一些课程项目，要求学生将政治理论应用于解决具体的社会、经济或环境问题。这类课程可以包括模拟城市规划项目，其中学生需要考虑如何在城市发展中实现可持续发展目标，或者研究政策如何影响公共健康，以及在制定公共政策时如何平衡不同利益集团的需求。通过这种方式，学生不仅能够学习到政治理论，还能直接参与到实际问题的分析和解决过程中，这样的经验可以极大地提升他们对政治理论的理解和应用能力。

此外，跨学科课程设计可以鼓励学生将他们在专业领域中的知识与政治理论结合起来，例如，工程学生可以探讨如何通过技术创新来支持国家的环保政策，商学院的学生则可以研究企业如何在遵守政府法规的同时保持竞争力。这种教学方法不仅提升了学生的批判性思维和创新能力，也使他们能够更好地理解和评价复杂问题的多维度因素。

综合来看，跨学科的课程设计不仅让学生能够在现实世界中看到政治理论的应用，还促进了他们的全面发展，使他们在未来的职业生涯中成为能够跨领域工作和创新解决问题的人才。通过这种教学策略的实施，我们不仅传承了政治教育的核心价值，也通过创新方法提升了教育的实际影响力和深远意义。

第四节 坚持时效性与长效性并重的原则

大学生思想政治教育这一任务当前面临着诸多挑战，包括信息爆炸带来的价值观多元化、思想观念更新加速等，这些都要求思想政治教育不断适应新的变化，确保教育的及时性和有效性。在这样的背景下，"时效性与长效性并重"意在强调思想政治教育既要迅速响应时代变化，及时解决新出现的问题，又要确保教育效果的持久性，形成学生长期稳定的价值导向。这一原则的提出，是对传统思想政治教育方法的重要补充，它强调教育活动应在解决眼前问题的同时，更要着眼于学生长远发展的需求。

一、时效性与长效性的概念

在大学生思想政治教育中，正确理解并实施"时效性与长效性并重"的原则是提高教育适应性和持久效果的关键。首先，对于时效性的定义，它指的是教育内容和方法需及时响应社会政治的发展和学生需求的变化。在快速变化的社会环境中，新的政治、经济和文化现象层出不穷，学生对于知识和信息的需求也在不断变化。因此，思想政治教育需要灵活调整教学策略，迅速纳入新的社会事件和理论，以确保教育内容的时效性和相关性。

长效性的定义则关注于建立持久影响，确保学生能长期坚守社会主义核心价值观。这要求教育不仅要解决当下的问题，更要着眼于学生的未来发展，培养他们的道德情操和责任感，使其能在未来的社会生活中持续展现这些价值观。长效性的培养是一个渐进的过程，需要通过持续和系统的教育活动来实现。

时效性与长效性这两者在思想政治教育中是互补的。时效性确保教育内容能够紧跟时代步伐，满足学生对于新知的渴望和实际应用的需求。而长效性则确保这些教育投入能够转化为学生深层次的价值观和行为准则，对其长远发展产生积极影响。在教育实践中实现这两者的平衡，需要教育者不断地调整教育策略和内容，既要引入最新的社会和政治发展案例，也要不断强化核心价值观的教育，确保这些价值观能够深入学生心智，形成稳定的思想基础。

在具体实施上，这种平衡可以通过结合当前热点事件的讨论与长期项目研究来实现。例如，通过分析当前的国际政治事件来讨论和反思社会主义核心价值观的现实意义，同时，通过长期的社会实践活动和志愿服务项目来巩固这些价值观的内化过程。通过这种方式，思想政治教育既能保持其紧迫性和吸引力，又能确保其教育效果的深远和持久。

二、实施"时效性与长效性并重"原则的策略

在当前迅速变化的社会环境中，实施"时效性与长效性并重"的原则对于大学生思想政治教育至关重要。这要求教育者不仅需要迅速响应社会政治经济的发展，还要确保教育内容能对学生产生长远的影响。

（一）在思想政治教育中快速整合思想政治经济发展成果

确保思想政治教育课程的时效性，即快速整合最新的政治经济发展成果，是至关重要的。为实现这一点，建立一个灵活且高效的课程更新系统显得尤为必要。这个系统应具备迅速反映国内外政治经济事件和理论进展的能力。具体来说，可以成立一个专门的课程开发小组，该小组由教育专家、学者以及实践人员组成，他们的任务是定期审查现有教学材料，并根据最新的政治经济发展进行相应的更新。这不仅保证了教学内容的现代性，也保持了课程与实际发展同步的步伐。

此外，为了进一步增强课程内容的实时更新和实用性，引入客座讲师和行业专家进行专题讲座是一个非常有效的方法。这些讲师和专家通常直接参与或密切关注最新的政治经济活动，他们能够提供第一手的信息和深入的见解，帮助学生更好地理解复杂的政治经济现象。例如，可以定期邀请国际关系专家解析最新的全球政治动态，或邀请经济学者讨论最近的经济政策变动及其潜在影响。

通过这样的措施，不仅可以保证教育内容的及时更新，还可以丰富教学形式，提高学生的学习兴趣和参与度。这种动态的课程设计使学生能够及时了解和分析当下重要的政治经济事件，从而在不断变化的世界中保持知识和思想的前瞻性。这样的教育模式不仅提高了课程的时效性，也极大地促进了学生批判性和分析性思维能力的发展。

（二）增强思想政治教育的长效性

确保学生能够长期记忆并实践所学的政治理论是思想政治教育中实现长效性的核

心任务。为此，教育者需要设计一系列富有挑战性和高度互动性的学习活动，这些活动不仅能够激发学生的学习兴趣，还能促进他们对知识的深入理解和长期记忆。

案例研究是一种有效的教学方法，通过分析具体的历史事件或当前的政治情境，学生可以更好地理解理论并将其应用于实际问题解决中。例如，通过研究特定国家的政策变化和其对国内外政治的影响，学生能够批判性地评价理论的适用性和局限性。

角色扮演和模拟活动，如模拟联合国会议，提供了一个平台，让学生深入了解国际关系的基本理论，并通过扮演不同国家的代表，深入探讨和理解复杂的国际政治动态。这种方法不仅加深了学生对具体政治理论的理解，还培养了他们的沟通、谈判和决策能力。

辩论会也是提升政治理论教育长效性的重要活动之一。通过组织形式多样的辩论，学生可以从多个视角分析问题，这种多角度的思考和表达有助于加深他们对政治理论的理解并能长久保留在记忆中。

此外，建立持续的学习支持系统，如在线论坛和学习小组，对于加强教育的长效性同样关键。这些平台允许学生在课程结束后继续进行讨论，帮助他们不断回顾和巩固所学知识，同时也为他们提供了一个展示自我、持续学习和深化理解的空间。在线论坛可以让学生发布问题、分享见解，而学习小组则促进了学生之间的合作与知识的互补，这些都是确保学习成果长期内化的有效方式。

因此，教育内容更新与持续教育系统建设的方法也是确保教育时效性与持久性的重要策略。为此，高等教育机构可以建立持续教育部门，专门负责开发和维护课程更新的指南和标准。通过使用数字化工具和资源，如在线学习平台，可以定期提供更新的教材和补充材料，确保学生能够接触到最新的学术和政治分析。此外，通过定期的教师培训和专业发展研讨会，教师可以不断更新他们的教学方法和内容，从而更有效地响应时效性的要求，同时保持教育的长效性。

第五节 坚持理论教育与实践教育相结合的原则

在当代高等教育中，理论教育与实践教育相结合这一原则强调，仅有的理论知识并不能完全满足学生的全面发展需要，实践教育同样不可或缺。通过理论与实践的结合，学生可以更好地理解和吸收政治理论，将其应用于解决实际问题中，从而深化理论知识的掌握并提高其实际操作能力。这种教学方法有助于学生形成批判性思维，培养其独立解决问题的能力，更好地适应未来社会的各种挑战。

一、理论教育与实践教育的基本概念

在大学生思想政治教育中，理论教育和实践教育共同构成了一个完整的教育体系，每一个部分都扮演着不可或缺的角色。

理论教育的定义涉及在教育过程中传授的政治理论、历史观念、哲学思想等内容。这些内容是思想政治教育的基础，旨在为学生提供关于社会、政治和经济结构的基本知识，帮助他们构建系统的世界观和价值观。例如，通过学习马克思主义基本原理、中国特色社会主义理论等，学生可以理解社会发展的历史逻辑和理论依据，从而在思考现实问题时能够站在科学的高度进行分析和判断。

实践教育则侧重于通过实际活动来加深学生对理论知识的理解和应用。这包括组织学生参与社会实践、志愿服务、模拟政治活动等多种形式。例如，通过参与社区服务或环保项目，学生可以将理论中的社会责任和公民意识转化为具体行动；而通过模拟联合国等政治活动，学生则能够在实践中学习如何进行政策分析和公共演讲，提升自身的政治参与能力和沟通能力。

理论教育与实践教育在思想政治教育中具有显著的互补作用。理论教育提供了思考问题的框架和方法，而实践教育则提供了实际操作和体验的机会，两者相结合可以极大地提高教育的效果。通过实践活动，学生可以将抽象的理论知识具体化，从而更深入地理解和掌握；同时，实践中遇到的问题和挑战又能促使学生回到理论中寻找答案，进一步加深对理论的理解和认识。

因此，有效地结合理论教育与实践教育，不仅可以增强学生对思想政治知识的掌握，更能激发他们的实际操作能力和创新思维，这对于培养能够适应快速变化社会的优秀公民具有重要意义。

二、理论与实践相结合的教育策略

（一）理论教育的更新与深化

为了使政治理论教育内容适应新时代的要求，对现有教学内容的持续更新和深化至关重要。这一过程涉及多个方面，包括引入最新的政治发展、理论创新和政策变化，确保教育内容不仅反映当前政治经济的实际状况，而且具有前瞻性和预见性。

具体来说，教材的定期修订是此过程的基础。教育部门可以设立专门的小组，负责监测国内外政治经济的最新动态，并根据这些变化更新教材内容。例如，随着全球化的深入发展，国际政治经济关系日趋复杂，相关的新理论和实践案例应被纳入教学大纲。同时，随着全球对可持续发展政策的重视程度不断提升，相关政策的变动和实施效果也应反映在教材中。

除了更新教材内容，还需要加强理论的深度教学。通过组织讨论班和研讨会，可以鼓励学生进行批判性思考和理论分析。例如，可以定期举办主题研讨会，邀请学者或政策制定者就特定政策进行深入讲解和讨论，学生则可以参与到这些讨论中，提出自己的观点和疑问，通过辩论和批判来深化对政治理论的理解。此外，利用案例研究法教学，分析具体的政策案例，如环境保护政策的制定与实施过程，让学生能直观地看到理论与实践的结合，理解政策制定的复杂性和挑战。

这种持续更新和深化的过程不仅使政治理论教育更加丰富和具有吸引力，还能帮助学生构建一个结构化的知识体系，从而更好地理解和应对当今世界的复杂政治经济问题。通过这样的教育模式，学生将能够培养出更加全面的政治视野和批判性思维能力，为其未来的学术发展或职业生涯奠定坚实的基础。

（二）实践教育的具体形式

实践教育的设计应当多样化，目的在于提高学生的实际操作能力和将理论知识应用于实际问题的能力。为此，实践教育的形式可以广泛多样，包括社会实践、志愿服务、政策分析竞赛、模拟政治活动等，每种活动都能够在不同的层面增强学生的实际操作技能和社会参与感。

具体来说，社会实践是实践教育中一个非常重要的组成部分。通过安排学生参与到社区服务项目中，如环境清洁、助老助残活动等，学生不仅可以将政治理论知识与实际社会责任相结合，还能实际体验和理解公民责任和社会价值。这些活动有助于学生理解个人行为对社区和环境的直接影响，同时，参与这些活动还能显著提升学生的团队协作和领导能力，这些都是未来职场和社会生活中极为重要的技能。

此外，模拟政治活动，如模拟国会、模拟联合国等，是理论与实践结合的另一优秀示例。通过角色扮演，学生可以深入了解政治决策过程、立法程序等复杂的政治机制。在模拟国会中，学生扮演议员、法律顾问等角色，通过真实的议案讨论和法案制定过程，不仅能够增进对政治流程的理解，还能锻炼他们的公共发言和辩论能力。这种形式的教育使学生能够在无风险的环境中练习决策和公共演讲，提高其政治参与意识和批判性思维能力。

通过这样的实践教育形式，学生不仅能够在真实或模拟的环境中应用他们的知识，更重要的是能够通过这些体验学习到如何在复杂的社会环境中作出合理判断和有效行动。这种教学方法不仅增强了教育的吸引力，更提高了教育的实际应用价值，使学生能够更好地准备进入未来的职业生涯，并以积极的姿态参与到社会的各种活动中。

（三）理论与实践相互融合的教学模式

为了更有效地结合理论与实践，采用案例教学和项目导向学习等教学模式是极为有效的策略。这些方法不仅增强了教育的互动性和参与度，而且显著提高了学生将理论知识应用于实际情境的能力。

案例教学是一种通过分析具体的政治事件或政策案例来教学的方法。这种方式可以使学生在分析真实世界问题的过程中应用理论知识，从而加深对政治动态和政策影响的理解。例如，教师可以选择最近的国际政治事件或国内政策变动作为案例，引导学生探讨这些事件背后的政治理论和实践应用，如国际贸易政策的变化、环保政策的实施等。通过这种方式，学生不仅能学习到如何分析政治现象，还能理解这些现象背后的深层次原因和可能的社会影响。

项目导向学习则进一步强调以项目完成为导向的学习方式。这种模式要求学生在完成特定的研究或实践项目中主动运用所学的理论知识。例如，学生可以组成小组来调查研究当地的政策影响，如探讨最新的城市发展政策对低收入居民的影响。或者，他们可以设计出解决具体社会问题的政策建议，如提出创新的交通管理策略来减少城市拥堵。这类项目不仅让学生在实际操作中学习和应用政治理论，还鼓励他们思考如何将理论创新性地应用于解决实际问题。

通过案例教学和项目导向学习的结合使用，思想政治教育可以变得更为生动和具体，学生也能更有效地将所学知识与实际情况结合，提高他们的分析能力、创新能力和实际操作能力。这样的教学策略不仅使学生能够在学术上取得进步，更重要的是培养他们成为能够积极参与并影响未来社会的负责任的公民。

理论与实践的结合对于培养具有批判性思维和解决问题能力的学生具有显著效果。实践活动如案例分析、社会实践和模拟政治活动等，不仅使学生能够将抽象的理论知识具体化，而且通过亲身体验，深化了他们对知识的理解，增强了他们的政治敏锐性和社会责任感。这种教育模式促使学生在面对复杂社会问题时，能够灵活运用理论分析和解决问题，准备好成为未来社会的积极参与者和领导者。

鉴于此，强调继续优化和创新教育方法的重要性显得尤为迫切，以适应快速变化的社会发展需求。教育方法的不断创新不仅能够满足学生多样化的学习需求，还能够提高教育活动的整体效果，使思想政治教育更加贴近时代发展的脉搏。

第三章 新时代大学生思想政治教育的价值意蕴

在当今时代,大学生的思想政治教育显得尤为重要。随着社会的快速发展和全球化趋势的深化,新时代的大学生面临着更多样的思想观念和更复杂的社会现实。思想政治教育不仅帮助学生形成正确的国家观、民族观、文化观,更是一个涵养个人品质、提升思想道德水平、并积极适应社会发展需求的过程。本章还将讨论思想政治教育如何与时俱进,结合现代教育技术和方法,更有效地与大学生的实际需求和期望相结合,从而提高教育的吸引力和影响力。

第一节 新时代大学生思想政治教育对党的价值

在当代中国,大学生思想政治教育对于党的建设和国家未来发展具有不可估量的重要价值。随着新时代的到来,国家面临着前所未有的机遇与挑战,而大学生作为国家的未来和希望,他们的思想政治教育显得尤为关键。通过系统的思想政治教育,大学生可以深化对中国特色社会主义理论的理解,增强国家意识、历史使命感和社会责任感,为成为能够担当民族复兴大任的时代新人做好准备。此外,新时代大学生思想政治教育还需要与时俱进,创新方法和手段,使其更加契合当代大学生的成长需求和心理特点,以提高教育的实效性和吸引力。

一、新时代永葆党的初心使命的重要任务

在新时代的背景下,思想政治教育对于大学生来说,不仅仅是学习理论的过程,更是形成正确世界观、人生观和价值观的关键时期。随着社会的快速发展和全球化的深入,当代大学生面临着前所未有的信息量和多元化的价值观念,这对他们的思想政治教育提出了更高的要求和挑战。在这样的大背景下,如何确保每一位大学生都能够

不忘初心、牢记使命，成为社会主义事业的合格建设者和可靠接班人，是新时代永葆党的初心使命的重要任务。

党的初心和使命是历经多年形成的核心价值观，它要求我们坚持人民立场，为人民服务，不断推进社会主义现代化进程。对于大学生而言，这不仅意味着要学习和理解这些深刻的政治理念，更要将其内化于心、外化于行。新时代的思想政治教育应当更加注重理论与实践的结合，通过具体案例、实践活动和生动教学，帮助学生深入理解党的历史、理论和政策，使之转化为推动个人成长和社会发展的动力。

（一）初心与使命的含义

习近平总书记指出，中国共产党人的初心和使命，就是为中国人民谋幸福，为中华民族谋复兴。党的初心和使命的历史背景深植于中国共产党成立之初的社会状况和国际环境。1921年，中国共产党成立时，中国社会正处于半殖民地半封建的混乱状态，国内民众生活困苦，民族独立和人民解放成为当时迫切需要解决的历史任务。基于这样的历史背景，党的初心和使命被定义为追求民族独立、人民解放，以及在此基础上实现国家的富强和民族的振兴。这一使命指引了党在不同历史时期的斗争方向和政策选择，成为党的行动的根本出发点和落脚点。

进入新时代，随着国际格局的深刻变化和中国社会主义现代化建设的不断推进，党的初心和使命亦展现出新的内容和要求。社会主义现代化建设已经步入新的发展阶段，党的使命进一步演变为推动社会主义现代化、完善和发展中国特色社会主义、推进国家治理体系和治理能力现代化等多维度任务。这些任务既是对原有使命的继承和延续，也是对新时代条件下党的责任和担当的重新定义。

在当前的国内外环境下，全球化带来的国际竞争与合作、经济结构的快速转型升级以及社会主义市场经济的深入发展等，都对党的初心和使命提出了新的挑战。在这样的背景下，维护党的初心和使命显得尤为重要，它直接关系着中国特色社会主义事业的未来方向和成败。为此，全党必须坚守初心，牢记使命，确保在各种国内外风险和挑战面前，党能够保持其先进性和纯洁性，继续引领中国特色社会主义事业向前发展。

这种坚守和牢记，不仅是对历史和人民的负责，更是对未来发展的投入和保障。确保党始终成为中国特色社会主义事业的坚强领导核心，是推动国家持续发展、保障人民福祉、维护国家安全的关键。因此，每一个党员，尤其是广大青年学生，都需要通过不断学习和实践，深化对党的初心和使命的理解和认识，将这种精神内化于心、外化于行，以实际行动践行党的初心和使命。

（二）思想政治教育在强化党的初心和使命中的作用

思想政治教育在强化党的初心和使命中扮演着不可或缺的角色，尤其是对于正在形成世界观和价值观的大学生群体。

1. 大学生的接受与理解

大学生是国家的未来和希望，他们的思想和行为将直接影响国家的发展和社会的稳定。通过系统的思想政治教育，大学生可以全面了解党的历史和发展、初心和使命。这种教育不仅通过课堂讲授进行，更通过研讨会、学术交流、实地考察等多样化的方式，使学生能够从不同角度和更深层次理解党在不同历史时期面临的挑战和作出的选择。例如，组织学生访问革命历史遗址，让他们亲身感受那些年轮流传的故事和精神，这些活动可以极大地增强他们对党的忠诚和对社会主义事业的献身精神。

2. 形成正确政治方向和价值观

在当前多元化和全球化迅速发展的背景下，确保大学生能够树立正确的政治方向和价值观尤为重要。思想政治教育通过传授科学的社会主义理论，并结合当代中国的发展现实，帮助学生构建坚实的理论基础。教育者不仅通过传统的讲授方式教授理论，还通过案例分析、角色扮演、模拟决策等互动和体验式学习方法，激发学生的批判性思维。这些教学方法使学生能够在分析具体社会问题的过程中，学会从理论和实践的结合出发，形成服务人民、服务社会的价值导向。例如，通过分析国内外的典型政策案例，引导学生讨论其对社会发展的影响，从而深化对政策制定背后价值取向的理解。

通过这些深入的教育活动，大学生不仅能够在知识上获得充实，更重要的是在情感、态度上与党的初心和使命形成共鸣，为成为合格的社会主义建设者打下坚实的基础。

二、新时代培养堪当民族复兴大任的时代新人现实需求

（一）民族复兴与时代新人的内涵

概念解释和战略重要性是关乎民族复兴与时代新人在新时代教育中的核心概念，

它们为理解中国特色社会主义现代化建设的深远意义提供了基础。

1. 民族复兴与时代新人的概念

"民族复兴"不仅仅关注经济领域的快速发展,更广泛地涵盖了政治透明和公正、文化繁荣与创新、社会公平与和谐以及生态环境的可持续性等多个维度。这种全面进步的核心目标是提升中华民族的综合国力,从而在国际社会中恢复并提高其应有的地位和影响力,使中国能够在全球范围内发挥更积极的作用,为世界的和平与发展作出贡献。

在这一宏大的历史进程中,"时代新人"是指在新时代条件下成长起来的年轻一代,他们是民族复兴战略的实施者和受益者。这些年轻人通过现代教育体系的培养,不仅掌握了现代科学技术知识,具备了面对快速变化世界的创新能力,更重要的是,他们具有广阔的国际视野和深厚的文化底蕴,能够在全球化的大背景下理解和推广社会主义核心价值观。这些时代新人通过自己的努力和实践,不仅推动了国家在科技、经济和文化等方面的发展,也促进了中国文化的对外交流和国际影响力的扩大,从而在全球舞台上展示了一个更加开放、包容的中国形象。

通过积极参与国际科技合作、文化交流项目,以及在国际事务中发挥建设性作用,这些新一代的年轻人正在将民族复兴的理念具体化、国际化,将中国的声音带向世界。他们不仅在国内推动创新发展,解决社会问题,也在国际上展现中国青年的责任感和使命感,为构建人类命运共同体贡献青春力量。这一过程中,他们的角色不仅限于国内的发展参与者,更是全球舞台上的积极参与者和中国文化的传播者。

2. 民族复兴与时代新人的战略重要性

培养适应新时代要求的时代新人对于实现中华民族伟大复兴具有至关重要的战略意义。这些年轻的一代人才是推动国家现代化建设的关键力量,他们在科技创新、文化繁荣以及国际交流的各个领域中起了核心作用。这些时代新人凭借其先进的知识结构和全面的能力素质,不仅推动了国家科技的快速进步和文化的全面繁荣,还促进了经济全球化进程中的积极参与,从而直接影响国家整体的竞争力和未来的持续发展能力。

在全球化日益加深的当下,时代新人的国际视野和开放性思维尤显重要。他们通过在国际舞台上的积极参与,不仅能够将中国的声音带向世界,还能有效地吸收和借鉴国外的先进技术和管理经验，将这些知识和技能回流到国内的发展中。这种跨文化的交流和合作能够显著提升中国在国际社会中的话语权和影响力，也有助于国家软实力的提升。

此外，这些具备高度责任感和使命感的新一代人才，在国内外各种高层次、高标准的科研、经济、文化交流平台上，展现了中国青年的良好形象和创新精神。他们在推动国家现代化进程中的积极作用，不仅仅是技术和知识层面的贡献，更是在推广社会主义核心价值观，增强国家文化软实力和社会主义现代化建设中的实践探索。

因此，加强对这些时代新人的培养，不仅是教育和人才培养战略的需要，更是国家战略布局的重要组成部分。通过优化教育体系，创新人才培养模式，强化国际交流与合作，可以有效地培育出更多能够适应新时代要求、能够引领未来发展趋势的优秀人才。这不仅有助于加快国家现代化的步伐，更有助于实现中华民族伟大复兴。

因此，从战略的高度来看，培养和造就一代又一代符合时代要求的新人，不仅是教育的任务，更是全社会的责任。这需要教育者、政策制定者和所有社会成员的共同努力和智慧，通过教育改革和社会实践，为青年人提供成长和成功所需的一切支持与条件。

（二）时代新人的培养目标和内容

在新时代的背景下，培养时代新人的目标是一个全面而深远的过程，通过思想政治教育实施这一战略任务不仅是为了塑造符合时代需求的高素质人才，更是为了确保国家未来的可持续发展和国际竞争力。

通过思想政治教育，首先要加强学生对中国特色社会主义的全面理解，深化他们对这一制度的认同感。这包括教育学生认识到中国特色社会主义的优越性，如何在促进社会主义现代化建设中发挥作用。教育的过程中要坚定学生的"四个自信"——道路自信、理论自信、制度自信、文化自信。这种自信的建立基于对国家历史和现状深入的了解与反思，使学生能够在全球化的复杂环境中自信地表达和分享中国的发展路径和文化价值。

思想政治教育还必须致力于激发学生的创新精神。这意味着不仅要教会学生已有的知识和技能，更要鼓励他们在面对新问题时能够思考出新的解决方案。这一过程涉及教育学生如何批判性地分析信息，如何在现有理论框架下进行创新性思维。实现这一目标需要提供充足的实验、研究以及创新平台，如科技竞赛、创新工作坊等，以促进学生的创造性思维和问题解决能力。

最后，思想政治教育应致力于增强学生的实践能力，确保他们能够将理论知识成功转化为解决实际问题的具体技能。这包括通过案例研究、实地考察、社会服务等多种形式，使学生有机会将课堂所学应用于现实世界的复杂情境中。通过这样的实践活动，学生不仅能够更好地理解理论的实际意义，还能够发展必要的职业技能和人际交往能力，这对他们未来的职业生涯和个人发展至关重要。

通过这三大培养目标的实施，时代新人将能够在爱国情怀的指引下，以创新精神和实践能力，有效地应对未来社会的各种挑战，为实现中华民族伟大复兴贡献自己的力量。

三、新时代加强党的建设重要支柱

加强党的建设不仅是保持中国共产党的先进性和纯洁性、确保党长期执政能力和执政地位的必要条件，也关系到党的长远发展，以及确保国家政策和发展方向能够真正符合人民群众的根本利益。这种建设对于提升党的领导力和执行力、适应和引领经济社会发展具有不可替代的重要性。

（一）思想政治教育对于加强党的建设的意义

1. 保持党的先进性和纯洁性

加强党的建设的核心在于确保党能够持续自我革新，与时俱进。党的理论创新是应对新时代挑战的重要武器。随着社会的发展和科技的进步，新的社会现象和问题不断出现，党需要不断地对现有理论进行检验和更新，以保证理论的先进性和适应性。同时，通过加强党的建设，特别是加强党内的监督和管理，确保党员干部能够严于律己、廉洁奉公，从而保持党的纯洁性。这包括完善党内法规制度，加强反腐败斗争，确保党始终保持与人民群众的血肉联系。

思想政治教育中的党性教育模块可以加强大学生对党忠诚的教育，明确党员的权利和义务，清晰党的纪律和规矩。这种教育对于党员来说是一种自我净化、自我完善、自我革新、自我提高的过程，对于非党员学生则有助于树立正确的党的观念。教育不仅仅是理论上的灌输，更多的是通过实际案例分析、时事政治教育等方式，培养学生的政治意识和政治敏锐性。这种教育方式能够使学生及时了解国内外政治环境和形势，提高他们识别和抵御错误思想的能力，保持党的先进性。通过开展多样化的讨论和辩论，鼓励学生对党的政策和理论进行深入思考和批判性分析，这不仅有助于学生建立科学的思维方式，也有助于党通过反馈调整和改进政策，进一步提高党的领导科学化、民主化水平，维护党的纯洁性。

2. 应对全球化、信息化挑战

在全球化和信息化快速发展的今天，信息传播的速度和范围无前例地扩大，国际思想文化交流日益频繁。这些变化为党的建设带来了前所未有的挑战和机遇。一方面，全球化带来的多元文化冲击可能对党的理论基础和意识形态安全构成挑战；另一方面，信息化提供了新的手段和平台，党可以利用这些新工具更有效地传播社会主义核心价值观，增强理论的影响力。因此，加强党的建设，特别是思想建设，不仅需要巩固党的传统教育渠道，还需积极利用网络和新媒体工具，创新宣传教育的方法和内容，加强对外来文化的把控和筛选，确保能够在复杂的国际环境中保持党的先进性和纯洁性。

通过这些维度的深入探讨和实践，加强党的建设不仅能够保障党保持其先进性和纯洁性，更能确保党在新时代的各种挑战中继续扮演着领导核心的角色，引领中国特色社会主义事业不断前进。

（二）思想政治教育在加强党的建设中的角色

思想政治教育在加强党的建设中扮演着至关重要的角色，它直接关系到党的生命力和战斗力，以及其在现代社会中的领导地位。

1. 增强对党的忠诚、增强政治意识

思想政治教育的首要任务是加强党员和青年学生对党的忠诚和提升他们的政治意识。这一教育过程涉及对党的基本理论、历史和路线的深入学习，帮助他们构建正确的世界观和价值观。更重要的是，这种教育培养党员和青年在面对国内外复杂多变的政治环境时，能够准确理解和坚持党的立场，有效识别和抵御错误的思想和理论。通过组织定期的理论学习、政治讨论和批评与自我批评会议，不断增强党员的政治敏锐性和鉴别力，确保他们在思想上和行动上与党中央保持高度一致。

2. 巩固党的执政地位，提升组织力

思想政治教育同样是巩固党的执政地位和提升组织力的关键。通过这一教育，党员和青年能够深刻理解党的执政理念和政策，增强执行党的决策的自觉性和积极性。教育中特别强调责任感和使命感的培养，激励党员在各自的岗位上发挥模范带头作用，通过实际行动体现党的优良传统和作风。此外，思想政治教育还重视党内民主的实践，教育党员如何在遵守党的纪律的前提下，通过科学决策、民主讨论等形式，提高党的决策透明度和公正性，从而提升党的领导水平和执政效能。

通过这些方式，思想政治教育不仅加强了党员的个人能力和政治素质，也优化了党的整体组织结构和功能，确保党能够更有效地领导社会主义现代化建设，满足新时代的发展需求。这种教育的成功实施，对于保持党的先进性和纯洁性，确保党长期执政安全具有决定性意义。

第二节　新时代大学生思想政治教育对大学生个体的价值

在新时代背景下，大学生思想政治教育不仅是培养学生政治意识的重要途径，也是塑造其全面发展的关键。这种教育深刻影响着大学生的价值观、世界观和人生观，为他们提供了理解和参与现代中国发展的理论基础和实践平台。随着全球化和社会多元化的加深，大学生作为未来社会的建设者和接班人，其思想政治素质直接关系到能否有效应对未来复杂多变的社会挑战。

一、有利于大学生抵制错误思潮

在新时代背景下，大学生面临着多样化的思想观念和社会风潮，其中不乏一些可能引导他们偏离正确道路的错误思潮。通过有效的思想政治教育，大学生能更好地识别和抵制这些负面影响，坚定正确的政治方向和价值观。

（一）错误思潮的识别与分析

在当今社会，大学生面临多种多样的思想影响，其中不乏一些与社会主义核心价值观相悖的错误思潮。理解这些思潮的定义及其对学生的潜在负面影响是思想政治教育中的重要内容。

所谓"错误思潮",通常指那些与社会主义核心价值观相违背的思想观点。例如,极端个人主义是一种强调个体自我中心至上的思想,它忽视了社会责任和集体利益,仅仅关注个人的需求和欲望。这种思潮在社会上的表现可能包括对公共利益的漠视和对社会规则的不尊重。另一个常见的错误思潮是消极悲观主义,这种态度可能导致学生对未来缺乏信心,感到无力改变现状,从而不愿意为社会贡献力量,甚至产生逃避现实的想法。

这些错误思潮对大学生的心理和行为具有潜在的负面影响。以极端个人主义为例,当学生将个人利益置于一切之上时,他们可能在遇到困难或需要团队合作时选择逃避,从而损害整个团队的合作精神和效率。长期而言,这种态度可能导致他们在职场上难以建立有效的合作关系,影响职业发展。而消极悲观主义的学生,在面对挑战和困难时可能会轻易放弃,缺乏解决问题的毅力和动力,这不仅阻碍个人的学习和成长,也减少了他们为社会作出积极贡献的可能性。

总之,这些错误思潮如果不加以正确引导和矫正,可能会严重影响大学生的心理健康和社会功能,阻碍他们成为有用的社会成员和职业发展。因此,思想政治教育在帮助学生识别和抵制这些不良影响中扮演着至关重要的角色。通过提供正确的价值观和积极的人生观,思想政治教育可以有效地帮助学生建立健康的心理状态和行为习惯,为他们的全面发展奠定坚实的基础。

(二)思想政治教育在抵制错误思潮中的作用

在当今多元化和信息爆炸的时代,大学生经常接触到多种多样的思潮和观点,其中不乏一些可能偏离社会主义核心价值观的错误思潮。思想政治教育在此背景下显得尤为重要,它通过多维度的教学方法帮助学生识别、分析这些思潮,并引导他们形成正确的政治方向和价值观。

思想政治教育首先通过系统的理论学习使学生了解社会主义核心价值观的深厚内容和中国特色社会主义理论的丰富内涵。教育者不仅在课堂上讲授相关理论,还通过具体案例分析展示这些错误思潮的具体表现形式和产生背景,如通过分析国内外政治经济事件中的个人主义、自由主义等思潮,揭示它们与社会主义核心价值观的根本冲突。此外，教育者还会引导学生探讨这些思潮对个人和社会的潜在危害，如何影响社会稳定和个人心理健康，从而帮助学生从理论和实践的结合上深入理解这些思潮的错误性和危害性。

更为关键的是，思想政治教育通过提供正确的政治方向和价值观来提升学生的批判性思维能力。这种教育不仅仅停留在知识的传授上，更重视培养学生独立思考的能力。教育者通过组织课堂讨论、模拟辩论、角色扮演等互动教学活动，鼓励学生主动探讨和质疑接触到的各种信息和观点，学习如何自主判断、明辨是非。例如，在讨论中，学生可能被要求从不同角度分析一个社会事件的多种解读，评价每种解读的合理性和对社会的影响。通过这些活动，学生能够在实际操作中锻炼和提升自己的思考和分析能力，逐步建立起对错误思潮的免疫力，形成坚定的正确政治方向和价值观。

总体来说，思想政治教育在帮助大学生抵制错误思潮中发挥着不可替代的作用，通过理论教育与实践活动的有机结合，有效地培养学生的正确价值观，为他们的健康成长和全面发展提供坚实的思想基础。通过这两方面的努力，思想政治教育能够有效地帮助大学生建立正确的世界观、人生观和价值观，为他们今后的学习、工作和生活打下坚实的基础。

二、有利于大学生筑牢理想信念

理想信念对于大学生而言，不仅是个人发展的核心驱动力，更是其社会参与和贡献的重要基石。以下内容进一步阐释了理想信念的重要性及其对个人与社会的深远影响。

（一）理想信念的重要性

理想信念作为个人内在的精神支柱，为大学生的学习和未来职业生涯提供了明确的方向和动力。它不仅引导学生树立正确的世界观、人生观和价值观，还是推动他们不断学习新知、探索未知、挑战自我、超越极限的内在动力。这种信念能够激发学生面对生活和学习中的各种困难时不屈不挠的精神，培养他们在逆境中坚持自我、不断前进的能力。在社会参与方面，拥有坚定理想信念的学生往往能更主动地参与到社会服务和公共事务中，他们的行为不仅受到个人利益的驱动，更是出于对社会进步和公共福祉的深刻关注，这种高度的责任感和使命感使他们在推动社会发展方面发挥出重要作用。

理想信念的缺失或薄弱可能导致大学生在人生和职业规划上出现方向感的缺失，难以制定和实现长远的目标。在现代社会复杂多变的环境中，这种目标的迷失可能导致学生感到挫败和无力，影响其整体的心理健康和职业发展。更严重的是，当个人在没有坚定理想信念的指引下，面对道德和法律的考验时，可能会因为缺乏足够的自我约束而采取不当行为，比如在学术、工作及社会行为上作出不道德的选择，这不仅损害了个人的形象和未来，也可能给社会带来负面影响。

通过对理想信念重要性的深入理解，大学生可以更清楚地认识到自我发展与社会责任的双重使命，思想政治教育应当在帮助学生建立和坚守理想信念上发挥关键作用，确保他们能成为对社会有益的人才。

(二) 思想政治教育在培养理想信念中的策略

在新时代背景下，思想政治教育对于培养大学生的理想信念具有重要作用。通过精心设计的教育策略和教学内容，可以有效地引导学生形成和坚守正确的理想信念，为他们的全面发展和未来的社会参与奠定坚实的基础。

思想政治教育首先需要加强对国家历史、文化以及社会主义建设成就的教学，让学生了解和认识到国家从建立初期到现代化大国的转变过程。这不仅能培养学生的民族自豪感，也能激发他们的国家责任感。例如，通过展示改革开放以来中国的发展成就，使学生认识到个人命运与国家前途的紧密联系。

在课堂上主动引入社会热点问题和挑战，如环境保护、社会公正、科技创新等，让学生讨论这些问题的解决方案。通过这种方式，教育者不仅能引导学生思考个人如何在解决这些问题中发挥作用，还能帮助他们将个人职业规划与国家社会需求相结合，确立服务社会的长远目标。

具体内容，在接下来的章节有专门表述，这里不再多说。

通过这些教育策略和方法，思想政治教育能够更有效地培养大学生的理想信念，使他们成为具有高度社会责任感和使命感的时代新人，为实现中华民族的伟大复兴贡献力量。

三、有利于大学生涵养爱国情怀

在当今中国，爱国情怀不仅是民族精神的重要组成部分，也是推动国家发展的重要力量。对大学生而言，涵养深厚的爱国情怀是其成长和学习的重要方面，对于国家和社会的未来同样具有深远的影响。

（一）爱国情怀的定义与价值

爱国情怀在当代中国的内涵十分丰富，它不仅仅是对国家的热爱和忠诚，更包含对中国悠久历史和灿烂文化的尊重与热爱，对国家现状和未来发展的深刻关注及积极支持。对大学生而言，培养深厚的爱国情怀是非常关键的，因为它直接关联他们的个人成长和未来方向。爱国情怀可以增强他们的国家认同感，激发他们将个人梦想与国家发展紧密结合的热情，促使他们为实现国家的繁荣富强而努力。同时，爱国情怀还能帮助学生形成正确的价值导向，使他们在复杂多变的社会环境中保持正确的道德方向和社会责任感。

爱国情怀的社会与国家层面的作用不可小觑。在国家面临重大挑战和困难时，一个拥有强烈爱国情怀的公民队伍能展现出无比的团结和牺牲精神，这对于国家的稳定和长期发展至关重要。爱国情怀能激发公民积极参与国家建设和社会事务，增强国家凝聚力，提升国家整体竞争力。在国难当头时，爱国情怀更是推动社会各界共克时艰的强大精神力量。例如，历史上的抗日战争、改革开放初期的经济建设，都有许多感人肺腑的爱国事迹，展示了爱国情怀对于国家重大转折点上的重要作用。

通过这些解释和讨论，可以看出爱国情怀对于个人的成长、社会的和谐以及国家的稳定与发展都具有不可替代的重要价值。对大学生而言，通过多种教育途径和社会实践，系统地培养和深化他们的爱国情怀，是新时代思想政治教育的重要任务。这不仅有助于他们构建全面发展的个人品质，也是他们作为未来社会栋梁，为国家和社会作出贡献的基础。

（二）思想政治教育在培养爱国情怀中的角色

1. 历史教育与文化传承

历史教育在思想政治教育中扮演着基石的角色，它帮助学生深入了解国家的过去和现在，理解国家从一穷二白到世界第二大经济体的跨越式发展。通过系统学习近现代史，特别是党的奋斗历程和重大历史节点，如抗日战争、解放战争、改革开放等，学生可以直观感受到祖国历经磨难而取得的辉煌成就。此外，文化传承也是爱国情怀教育的重要组成部分。通过课程和活动介绍中国的传统节日、文学艺术、哲学思想等，强化学生对中华文化的深厚认同感。例如，组织学生参观历史博物馆、非物质文化遗产展览，以及通过学习中国古典诗词、书法、传统戏曲等形式，让学生亲身体验和感悟中华文化的独特魅力和价值。

2. 社会实践与志愿服务

为了将爱国情怀具体化为行动，思想政治教育还必须鼓励和组织学生参与各种社会实践和志愿服务活动。这些活动使学生能够走出校园，直接接触社会，了解民生，参与解决实际问题。例如，通过参与环保项目，学生可以为保护地球贡献自己的力量；参与扶贫支教活动，帮助边远地区的孩子们接受教育，减少知识贫困。这样的活动不仅让学生实践自己的爱国情怀，更是一个自我成长和能力提升的过程。它们能够增强学生的社会责任感和使命感，使他们在实际行动中体会到个人努力对社会的积极影响。

通过这些教育策略，思想政治教育能够有效地帮助大学生建立和加强对国家的认识和爱国情怀，使他们成为有理想、有道德、有文化、有纪律的社会主义建设者和接班人。这种教育对于维护国家的长期利益和推动社会的全面发展具有不可估量的价值。

第四章 培养和造就时代新人的主要任务

在新时代的背景下,大学生思想政治教育担负着培养和造就时代新人的重要使命。随着国家发展和社会进步的需求,加强和改进大学生的思想政治教育显得尤为迫切。在这一进程中,我们必须全面理解和把握新时代给大学生思想政治教育带来的新要求和新挑战。教育的核心目标是培养学生的理想信念、价值观念和道德行为,使其不仅拥有坚定的政治立场,更具备批判性思维和独立人格。

第一节 培养和造就习近平新时代中国特色社会主义思想的信仰者、贯彻者、捍卫者

在新时代背景下,习近平新时代中国特色社会主义思想对于国家的发展战略和社会治理具有深远的意义。这一思想强调坚持和发展中国特色社会主义,推动社会主义现代化和中华民族的伟大复兴。它的核心要义是坚持人民主体地位,坚持全面深化改革,坚持新发展理念,坚持人与自然和谐共生,坚持总体国家安全观,确保党在新时代的强国兴国中始终总揽全局、协调各方。

一、习近平新时代中国特色社会主义思想对青年大学生的意义

习近平新时代中国特色社会主义思想是中国当代政治生活和社会发展的核心指导思想,具有深远的影响和历史意义。这一思想不仅系统地回应了国内外的发展需求,也为中国特色社会主义的未来奠定了坚实的理论基础。在全球政治经济形势日益复杂多变的今天,这一思想提供了清晰的方向,确保中国能够在保持稳定的同时实现持续发展。

习近平新时代中国特色社会主义思想的提出,是在国内外环境发生深刻变化的大

背景下，对党和国家未来发展进行的战略考量。这一思想强调了以人民为中心的发展思想，坚持全面深化改革，扩大开放，推动高质量发展，是对中国特色社会主义理论的重大发展。它不仅综合考虑了经济建设、政治清明、文化繁荣、社会正义和生态文明等方面，还特别强调了科技创新和国防强国的战略任务。

对于中国青年来说，习近平新时代中国特色社会主义思想不仅是当前中国发展的行动纲领，更是他们成长的方向指南。这一思想明确指出，青年一代应当承担起国家的未来和民族的希望，倡导他们具备理想、有责任、有担当。思想中的这些精神鼓励青年在追求个人职业和生活目标的同时，更要关注国家和民族的发展大局，积极参与到社会主义现代化建设中去。

通过推动青年积极参与社会实践、志愿服务、科技创新等活动，习近平新时代中国特色社会主义思想不断地在青年心中种下爱国、创新和奉献的种子。这种方式塑造了一代又一代具有强烈责任感和国家意识的青年，他们将成为推动中国社会主义现代化、保障和改善民生、实现中华民族伟大复兴中国梦的中坚力量。

综上所述，习近平新时代中国特色社会主义思想不仅为中国的发展提供了科学指导，也为广大青年确立了成长的坐标，使他们成为具备国际视野、创新能力和强烈社会责任感的新时代青年。这对于中国乃至世界的未来都具有不可估量的积极影响。

二、培养习近平新时代中国特色社会主义思想的信仰者

培养坚定的思想信仰者对于实现中华民族的伟大复兴具有战略意义。随着全球化的深入发展和国内社会主要矛盾的转变，中国面临着许多新的国内外挑战。在这种情况下，拥有坚定理想信念的年轻一代，能够在复杂多变的国际与国内环境中，保持政治定力，推动国家的科技创新和社会进步，维护国家安全和文化自信。

在理论上，思想政治教育是确保学生全面理解习近平新时代中国特色社会主义思想的基础。这一过程应包括系统的课程教学、专题讲座和研讨会，涵盖思想的主要内容、历史背景及其在当代中国的应用。教育者应使用多种教学媒介，如文本、视频及互动式学习平台，以增强教学的吸引力和效果。例如，通过深入分析改革开放"一带一路"倡议等关键政策的形成与执行，使学生能够从实际操作中理解理论的实践意义。

同时，思想政治教育通过情感认同的方式将理论信仰转化为内心信念的关键。通过讲述中国的发展故事、展示社会主义建设的成就、讲解革命历史和英雄人物的事迹，

可以有效增强学生的情感认同。这可以通过组织观看纪录片、参观历史博物馆、邀请老一辈革命家讲述亲历故事等形式进行。例如，通过学习雷锋、焦裕禄等人物的生平，学生不仅能学习到他们的崇高精神，也能深刻感受到社会主义核心价值观在个人行动中的具体体现。

三、培养习近平新时代中国特色社会主义思想的贯彻者

思想政治教育在培养大学生成为习近平新时代中国特色社会主义思想的贯彻者中发挥着不可替代的作用。通过理论学习与实践相结合的教学方法，不仅能够加深学生对这一思想的理解，更能培养他们将理想转化为服务社会、国家的实际行动的能力。这对于促进国家的长远发展和社会的全面进步具有重要的战略意义。同时，培养贯彻者，则能够加强思想政治教育的应用性，这样能使学生不仅学习理论，更能把理论与中国的实际发展结合起来，增强理论的现实感和适用性。

思想政治教育工作应将习近平新时代中国特色社会主义思想融入大学的相关课程和专业学习是培养贯彻者的关键策略之一。这一策略的实施要求高等教育机构在课程设计中深入植入这一思想的核心内容，如发展观、法治观、生态文明观等，确保这些理论贯穿于政治学、经济学、社会学等多个学科。例如，在经济学课程中，可以通过案例分析的方式，探讨如何在经济发展中坚持和实现创新驱动、绿色发展等新发展理念。在法学课程中，讲解全面依法治国的实际应用，以及法治对于社会治理的重要性。

除了理论学习外，思想政治教育工作还应设计与实施相关的实践活动是提升学生将理论应用于实际的有效途径。通过组织学生参与社会实践、志愿服务、模拟政策制定等活动，学生能够在实际操作中加深对习近平新时代中国特色社会主义思想的理解和应用。例如，学生可以参与到社区服务项目中，如环境保护、支教等，这些活动不仅帮助他们理解和实践社会主义核心价值观，还能培养他们解决社会问题的实际能力。另外，通过模拟国内外政策制定的活动，如模拟联合国会议，学生可以在模拟的政策讨论中学习如何根据国家的总体战略和国际形势提出合理的政策建议。

这些策略的实施，旨在使学生不仅仅停留在对习近平新时代中国特色社会主义思想的理论学习上，更能将学到的知识和理念运用于实际生活与未来的职业发展中，真正成为这一思想的贯彻者和实践者。这种理论与实践相结合的教育模式，将极大增强思想政治教育的实效性和深远影响。

四、培养习近平新时代中国特色社会主义思想的捍卫者

在新时代背景下，思想政治教育的一项关键任务是培养大学生成为习近平新时代中国特色社会主义思想的捍卫者。这不仅涉及加强国家意识和责任感的培养，还包括批判性思维的训练和国际视野的拓展，以确保学生能在复杂多变的国内外环境中坚定不移地捍卫这一思想。

思想政治教育的首要目标是确保每一位大学生都能深刻理解习近平新时代中国特色社会主义思想的精神实质和实践要求。这一思想是新时代中国的行动指南和前进方向，包含了经济、政治、文化、社会和生态文明建设的全面部署。学生作为未来的社会主体，理解并能够捍卫这一思想，对维护国家的发展大局、推动社会的长期稳定具有决定性影响。

培养学生的国家意识和责任感是使其成为新时代建设者和捍卫者的基础。这需要通过课程内容和校园文化活动强调学生的责任和角色，教育他们认识到作为中国青年的使命和责任。强调每一位学生都是国家未来的建设者，他们的每一项行动和决策都对国家的发展产生影响。通过讲授中国的发展历程、重大成就及未来发展方向，激发学生的自豪感和归属感，使其自觉将个人的发展与国家的命运紧密相连。

在思想政治教育中加强批判性思维的训练，是提升学生识别和反驳错误观点和思潮的关键。通过辩论会、研讨课和模拟法庭等形式，教育学生如何科学分析问题，逻辑严谨地表达观点，有效反驳不符合事实的言论和有害思潮。例如，设置课程项目挑战学生针对某一错误观点进行全面的批判，从理论和实践两个层面展开，锻炼其辩护和捍卫习近平新时代中国特色社会主义思想的能力。

在全球化日益加深的今天，拓宽学生的国际视野是培养其成为有效捍卫者的重要方面。通过国际交流项目、国际会议参与和国际比较研究等方式，增强学生对国际局势的理解，并在国际舞台上提升他们捍卫和宣传习近平新时代中国特色社会主义思想的能力。这包括教授学生如何在国际对话中展示中国的发展理念和成就，如何在国际辩论中有效表达和维护中国的立场和利益。

通过实施这些策略，不仅能够加深学生对习近平新时代中国特色社会主义思想的理解和认同，更能实际提升他们在国内外各种平台上积极捍卫这一思想的能力。这样的教育将为中国培养出一代又一代具有全球视野、坚定信念和强大责任感的青年才俊。

第二节 培养和造就全面建设社会主义现代化强国的追求者、奋斗者、贡献者

大学生作为社会主义现代化建设的重要力量，他们的成长和发展是国家未来发展的希望。在这一过程中，大学生需扮演追求者、奋斗者和贡献者的多重角色。作为知识追求者，他们需要不断学习先进的科学文化知识，积极掌握新技能、新方法；作为实践奋斗者，他们应在实际工作中敢于担当、勇于创新；作为社会贡献者，更应以高尚的道德情操和强烈的社会责任感，投身于国家和民族的事业中。

一、培养和造就全面建设社会主义现代化强国的追求者

在当前中国全面建设社会主义现代化强国的关键阶段，大学生作为国家未来的中坚力量，承担着推动社会进步和技术创新的重要任务。因此，思想政治教育在培养学生成为这一伟大目标的追求者方面具有至关重要的作用。

在思想政治教育中，首先需要将全面建设社会主义现代化强国的长远目标和战略意义深入学生心中。这不仅是对国家发展蓝图的解释，更是激发学生认同感和使命感的关键。教育者应通过课程教学、专题讲座和实地考察等方式，使学生深刻理解这一宏伟目标背后的国家意志和历史必然，增强学生对未来发展方向的信心和决心。此外，通过展示国家在科技、经济、文化等方面取得的成就，可以有效激发学生的自豪感和归属感。

要成为现代化强国的追求者，学生需要具备广博的知识基础和开阔的国际视野。思想政治教育应包括必要的政治理论教育和对外开放的国际视野课程，如政治经济学、国际关系、全球治理等。这些课程不仅帮助学生建立科学的世界观和方法论，也使他们能够理解国际政治经济环境下中国的角色和责任。例如，通过研究国际贸易的案例，学生可以了解中国如何在全球化背景下维护国家利益和提升国际地位。

激发学生追求现代化强国目标的内在动力是思想政治教育的重要组成部分。通过激励措施和心理建设活动，如设立奖学金、开展创新竞赛、组织心理健康讲座和团队

建设活动,可以有效增强学生的积极性和主动性。此外,定期邀请成功人士和校友分享其职业和生活经验,尤其是那些能够代表中国现代化成果的典型,可以极大地激励学生形成追求卓越的心态和行动力。

总之,通过上述策略的实施,大学生在思想政治教育的引导下将逐步成长为具备明确目标、广博知识和强烈内驱力的现代化追求者。这不仅符合国家对高素质人才的培养需求,也是个人实现自我价值和职业发展的重要途径。

二、培养和造就全面建设社会主义现代化强国的奋斗者

在当前中国全面推进社会主义现代化国家建设的关键时期,大学生的思想政治教育尤为重要。其中,培养具有实践能力、坚韧不拔精神和明确职业目标的奋斗者,是实现国家长远发展目标的基础。以下策略旨在全面提升大学生的综合素质,使他们成为能在各自领域为国家现代化贡献力量的奋斗者。

(一) 培养大学生的实践能力

实践教学是培养学生实践能力的关键。通过实验、实习、项目式学习等形式,学生可以将理论知识应用于实际问题的解决中,从而加深理解和掌握。例如,理工科学生可以参与科研项目,进行实验设计和数据分析;商科学生则可以参与市场调研,制定营销策略。实践活动是提升学生创新和问题解决能力的有效途径。通过组织学生参加国内外竞赛、创新创业项目,学生可以在实际操作中遇到并解决问题,这种经历对于培养他们的创新意识和实际操作能力至关重要。

(二) 培养大学生坚韧不拔的精神

为了培养大学生的坚持和奋斗精神,思想政治教育需采取多维度、系统化的教育策略。通过结合历史与当代、理论与实践,教育工作可以更有效地激发学生的内在动力和坚韧不拔的精神。

思想政治教育中一个重要的方面是利用历史和现实中的典型例子来激励学生。讲述革命先辈如毛泽东、周恩来、刘少奇等的奋斗故事,以及当代榜样如"最美奋斗者"和各行各业的先锋人物,可以显著加深学生对于奋斗的认识和尊重。这些故事展示了在困难和挑战面前,坚持和勇气的重要性。定期组织的讲座和互动研讨会则提供

一个平台，让学生能够分享自己在学习和生活中遇到挑战时的应对策略和心得体会，从而在同伴的经历中找到共鸣和启发。

实际操作和体验学习是增强教育效果的有效手段。组织学生参加徒步、野外生存训练等物理和心理挑战性活动，不仅有助于锻炼他们的身体，更重要的是锻炼他们的意志和心理承受能力。这些活动要求学生面对自然环境的不确定性和困难，学习在压力下保持冷静和解决问题的能力。此外，通过团队合作的项目，如参与组织校内外的志愿服务或社会实践活动，学生可以在实际社会服务中学习协作和领导技能，也能提升解决实际问题的能力。这些团队活动不仅提高个人的社交能力，还有助于培养团队精神和集体荣誉感。

通过这些策略的实施，学生不仅能够学习到如何面对和解决问题，还能在挑战中培养出坚韧不拔的精神和不断奋斗的动力。这样的教育模式有助于塑造出既有理想信念又具备实践能力的现代青年，为他们将来在社会各领域中发挥积极作用奠定坚实基础。

（三）为大学生做职业规划

在当前经济社会发展的背景下，大学生的职业规划与发展越来越受到高等教育机构的重视。这不仅关系到学生个人的未来，更关系到国家的人才战略和社会需求。因此，高校提供的职业指导服务和资源链接显得尤为关键。

1. 辅助学生制定职业规划

为了帮助学生有效制定与国家发展目标一致的职业规划，高校需要提供全面的职业指导服务。这包括对不同行业的深入分析、未来职业前景的预测以及必要的职业技能培训。例如，教育机构可以定期组织行业专家来校开展讲座，解读当前行业发展趋势和未来需求。此外，针对不同专业的学生，高校可以提供专业对口的职业规划辅导，如为工程学学生提供智能制造、绿色能源等领域的职业发展指导；为文科学生提供文化管理、国际关系等方向的指导。通过这些具体措施，学生能够更好地了解自己的职业方向和未来发展的可能性。

2. 职业指导和资源链接

高校还应通过建立校企合作平台，为学生搭建连接行业资源的桥梁，提供实习和就业机会。这种合作不仅限于提供实习机会，更包括参与企业的实际项目，让学生在学习期间就参与到真实工作环境中，提前适应未来职场的需求。此外，通过职业发展讲座、校友网络的建设，学生可以及时获取行业内的最新动态和职业发展的宝贵经验。例如，校友可以分享他们的职业生涯经历，提供行业内部的见解和建议，帮助在校学生规划自己的职业路径。

通过这些综合性的职业指导和资源链接措施，学生不仅能够根据个人兴趣和市场需求制定出符合国家发展的职业规划，还能在学习过程中积累宝贵的实践经验，为未来职业生涯的成功打下坚实的基础。这样的职业教育模式，确保了学生能够为实现个人职业目标和国家的发展需求之间找到最佳匹配，有效地促进了个人与国家双赢的局面。

四、培养和造就全面建设社会主义现代化强国的贡献者

在全面建设社会主义现代化强国的进程中，大学生不仅需要作为知识分子的贡献，更要承担起作为社会主体的责任。思想政治教育的一个重要任务是培养大学生成为社会的贡献者，这不仅包括培养他们的社会责任感和公民意识，还涵盖了创新和领导能力的培育以及正确道德和价值观的树立。

（一）培养大学生的社会责任和公民意识

思想政治教育首先应加强学生的社会责任感和公民意识。这可以通过课程教学、主题讲座以及与社会现实密切相关的案例分析来实现。教育者需要向学生阐明，作为社会的一员，尤其是作为受过高等教育的一员，他们有义务参与社会事务，对社会发展负责。例如，可以通过讨论中国的扶贫工程、环保政策等国家重大政策，让学生理解自己在这些社会大事中能扮演的角色。

组织学生参与社会服务和志愿活动也是培养社会责任感的重要方式。这些活动不仅帮助学生将学到的理论知识应用于实际，更是让他们直接参与到社会主义现代化建设中，如参与社区服务、环保项目、公共卫生活动等，这些都是实际行动上支持社会主义现代化的体现。

（二）培养大学生的创新与领导能力

在快速变化的现代社会，创新和领导能力是大学生不可或缺的素质。思想政治教育应通过开展创新教育项目和领导力训练课程来培养学生的这两种能力。例如，可以

通过创业教育项目、科研项目竞赛等形式，激发学生的创新思维和问题解决能力。同时，领导力训练如模拟联合国、学生会领导角色扮演等，都能有效提升学生的组织协调和团队管理能力。

分析这些项目和课程的实施效果也至关重要，它帮助教育者了解哪些方法最有效，进而调整教学策略，以确保教育活动能真正提升学生的能力。

（三）道德和价值观的树立

正确的道德和价值观是大学生成为社会主义现代化建设贡献者的基石。思想政治教育应通过教育强化这些价值观。这包括通过课程教学、道德讲堂以及伦理情景模拟等形式，教育学生如何在复杂的社会环境中坚持正确的道德准则。讨论诸如诚信、公正、责任感等主题，使学生在面对道德困境时能够作出合理的判断。

此外，通过分析中国和世界各地的正反案例，让学生深刻理解坚守正确价值观的重要性，以及价值观对个人行为和社会发展的深远影响。

通过实施这些策略，思想政治教育不仅能够帮助学生形成全面的能力结构，更能使他们在为社会主义现代化作出贡献的过程中，展现出高尚的品质和卓越的能力。这样的教育模式，无疑将为国家的未来培养出一批高质量、高素质的人才。

第三节 培养和造就社会主义核心价值观的崇尚者、践行者、传播者

在当代中国，社会主义核心价值观的培育与传播对于塑造和谐社会、推动社会主义现代化具有不可替代的作用。这些价值观不仅为公民提供了行为准则，还为国家的长远发展定下了道德和文化基调。大学生作为未来的社会栋梁，其在理解、实践和传播这些核心价值观中的作用至关重要。因此，思想政治教育在培养大学生的过程中承担着特别的责任和使命。

作为教育水平较高的群体，大学生在继承和发展社会主义核心价值观中具有不可替代的作用。他们不仅是这些价值观的崇尚者和践行者，更是其传播者。在校园内外，大学生通过学习、研究和社会实践，可以深入理解这些价值观的内涵，将其融入日常

生活和未来职业活动中，通过各种方式将这些价值观传播给更广泛的群体，影响和带动更多人。

一、社会主义核心价值观的理论基础与教育目标

社会主义核心价值观是引导中国社会发展的基本道德准则和行为指南，其在构建和谐社会、推动中国特色社会主义发展中起着至关重要的作用。因此，大学生的思想政治教育不仅要涵盖广泛的知识培养，还要深入理解和实践这一核心价值观。

社会主义核心价值观包括国家层面的价值目标——富强、民主、文明、和谐，社会层面的价值准则——自由、平等、公正、法治，以及个人层面的价值追求——爱国、敬业、诚信、友善。这些价值观涵盖了从个人到国家的不同层面，是现代中国公民应当追求和体现的基本价值标准。在大学生思想政治教育中，应当通过具体的课程内容、实践活动和社会服务，使学生能够全面理解这些价值观的内涵，并将其内化为自己的行为准则。

社会主义核心价值观不仅是个人道德修养的标准，更是社会和谐与国家发展的推动力。它们为中国特色社会主义提供了精神支撑和价值指导，是推进法治建设、政治文明、经济发展和社会进步的道德基础。例如，富强不仅仅是经济层面的发展目标，也是国家综合国力提升的表现；民主与法治是政治文明的重要标志，关系到社会治理的公正与效率；敬业与友善则直接影响到社会氛围和个人人际关系的和谐。

思想政治教育的核心目标是培养学生对社会主义核心价值观的深刻认同，并将其转化为个人行为的自觉遵循。教育工作应通过多种教学方法和活动来实现这一目标。首先，通过课堂教学深入解析每一项价值观的理论含义和实践要求；其次，通过案例分析、角色扮演和模拟社会活动，让学生在实践中体验和理解这些价值观；最后，通过社会实践和志愿服务活动，鼓励学生将这些价值观应用于实际生活中，以实际行动支持和促进社会主义现代化建设。

通过这样的教育策略，大学生不仅能够在理论上掌握社会主义核心价值观，更重要的是能够在实践中体现这些价值，为全面建设社会主义现代化国家贡献自己的力量。

二、培养社会主义核心价值观的崇尚者

在培养大学生成为社会主义核心价值观的崇尚者方面，思想政治教育的策略需结

合理论教育和实践活动，不仅增强学生对这些价值观的认知，而且促进价值观的情感认同和行为内化。

针对大学生进行社会主义核心价值观教育，思想政治教育的首要步骤是确保学生对社会主义核心价值观的历史和理论有一个全面和深刻的理解。通过介绍这些价值观的形成背景、发展过程以及在现代中国社会中的具体表现，学生可以更好地理解这些价值观的深层含义和重要性。例如，可以通过历史课程展示这些价值观如何从中国的革命、建设到改革开放中逐步形成和发展。

通过课堂教学、讲座和研讨会等方式，教育者可以系统地向学生传授这些价值观的具体内容和应用场景。课堂讲授可以配合多媒体教学，使用视频、案例分析等多种教学手段来增强教学效果，使学生能够从多角度理解和掌握这些价值观。

通过案例学习和角色扮演活动，学生可以在模拟的社会情境中体验和实践这些价值观。例如，教育者可以设计一些基于实际社会问题的案例，让学生通过小组讨论和角色扮演来解决问题，过程中深化对如公正、诚信等价值观的理解和认同。

社会实践是情感认同和价值观内化的重要途径。通过组织学生参与志愿服务、社区参与等活动，学生可以在实际的社会服务中体验和实践社会主义核心价值观。这些活动帮助学生将抽象的价值观转化为具体的行动，如在环保项目中体现和谐与文明的价值，在社区服务中展现友善与敬业的精神。

通过这样的教育策略，大学生不仅能在理论上深刻理解社会主义核心价值观，更能在情感上认同这些价值，并在日常生活和未来的职业实践中将这些价值观转化为实际行为。这种教育模式有效地将理论教育与实践活动结合起来，是培养学生成为价值观崇尚者的有效途径。

三、培养社会主义核心价值观的践行者

在培养大学生成为社会主义核心价值观的践行者方面，思想政治教育需要具体化这些价值观的实践意义，并提供持续的评价与反馈机制，确保学生能在日常生活和未来职业中自然地将这些价值观转化为行动。

教育者需要强调社会主义核心价值观在学生的日常生活和学习中的实际应用。通过课堂讨论和互动教学，引导学生理解如何在日常决策和行为中体现诸如诚信、友善和公正等价值观。例如，通过讨论学术诚信的重要性，鼓励学生在学术活动中坚持真

实和公正。

设计与价值观紧密相关的项目任务，例如组织学生参与社会服务项目、环保活动或创业计划，让学生在具体的实践中体验和实施这些价值观。这些项目不仅能够让学生直接参与到社会问题的解决中，还能实际体验到践行这些价值观所带来的社会效益和个人成就感。

对学生践行社会主义核心价值观的进展进行系统的监测和评价是至关重要的。可以通过定期的自我评价、同伴评价以及教师的观察来收集数据。例如，每学期末通过问卷调查和小组讨论，评价学生在实践项目中展现的价值观表现。

反馈是促进学生持续进步和深化价值观理解的关键。教育者应定期向学生提供具体的反馈，指出其在践行价值观过程中的优点和需要改进的地方。此外，可以通过举行反思会和分享会，鼓励学生交流践行社会主义核心价值观的经验和体会，共同探讨如何更有效地将这些价值观融入生活和工作中。

通过这样的策略，大学生思想政治教育不仅能够帮助学生理论上认识和理解社会主义核心价值观，更重要的是引导他们在实际生活中践行这些价值观，形成良好的行为习惯和道德标准，最终成为能够在社会中起到表率作用的践行者。这种教育模式的实施，将为社会主义现代化建设培养出一批具有高度社会责任感和道德素质的新时代青年。

四、培养社会主义核心价值观的传播者

在当前信息时代，培养大学生成为社会主义核心价值观的有效传播者是思想政治教育的重要任务。通过系统的传播技能培训和利用现代媒介，可以有效扩大社会主义核心价值观的影响力，使其更广泛地渗透到社会的各个层面。

教育者需要重视教授学生有效的沟通和表达技巧，这不仅包括传统的公众演讲和文章写作，也包括如何在非正式的交流中有效表达观点。通过组织系列讲座和工作坊，如演讲技巧提升、学术写作技巧等，帮助学生学习如何清晰、有力地表达自己的观点。

通过组织模拟辩论赛、研讨会和角色扮演活动，提升学生的实战经验和应对压力的能力。这些活动能够让学生在类似真实的环境中练习如何表达和辩护自己的观点，提升其公共演讲和快速反应的能力。

鉴于社交媒体和网络平台在当代社会的广泛影响力，教育者应鼓励学生利用这些

工具来传播社会主义核心价值观。例如，指导学生如何在微博、微信、抖音和其他平台上发布具有教育意义的内容，以及如何有效地与网友互动，传播正能量。

指导学生制作视频、博客和其他形式的社交媒体内容，这些内容应突出展示社会主义核心价值观的现实意义和应用实例。例如，学生可以制作介绍具体社会实践活动如何体现社会主义核心价值观的短视频，或者编写反映当前社会热点问题下社会主义核心价值观指导意义的博客文章。

通过实施这些策略，大学生不仅能够掌握有效的沟通和传播技巧，还能利用现代媒介的力量广泛传播社会主义核心价值观。这样的教育不仅提升了学生的个人能力，更让他们成为推广中国特色社会主义文化的积极参与者和传播者。这种全方位的教育模式，将有助于构建更为和谐、积极的社会文化环境。

第四节 培养和造就中华优秀传统文化的坚守者、传承者、弘扬者

在全球化与现代化快速发展的背景下，中华优秀传统文化的传承和发展显得尤为重要。这些文化不仅是中华民族的历史积淀，也是构建社会主义核心价值观的重要基石。大学生作为未来社会的主力军，对于保护、传承和发展这些文化传统具有独特的责任和使命。因此，思想政治教育在培养学生方面需要特别关注如何让他们成为优秀传统文化的坚守者、传承者和弘扬者。

一、中华优秀传统文化的核心内容与价值

中华优秀传统文化是中华文明几千年的精神积累，具有深远的历史意义和现实指导价值。这些文化价值不仅塑造了中华民族的国民性，还对现代社会的道德建设和文化传承有着重要影响。对于大学生来说，了解和实践这些传统文化价值是其成长和发展的重要方面。

（一）中华优秀传统文化内容概述

中华优秀传统文化包括多个方面，其中孝道、诚信、礼仪和节俭是四个核心价值

观，每个都有其深厚的历史根基和现代社会意义。

1. 孝道

孝道作为中华民族文化的精髓之一，其历史可以追溯到古代，被视为家庭和社会和谐的基础。在现代社会中，孝道不仅体现在年轻一代对父母的照顾和尊重上，更是通过对家庭成员的关爱来维护家庭的团结与和谐。孝道的实践帮助培养责任感和家庭归属感，同时也为社会稳定提供了情感基础。

2. 诚信

诚信为商业交易的基石，也是维护社会秩序的重要原则。它要求个体在所有交往中都保持诚实和可靠，无论是在工作中还是在日常生活中。诚信的缺失会导致信任危机，影响社会关系和经济发展。因此，强调诚信可以帮助构建一个更为稳定和公正的社会环境。

3. 礼仪

礼仪在中华文化中承载着维护社会秩序和尊重他人的重要功能。从传统的礼仪教育到现代的社交礼节，都体现了个人的教养和对他人的尊重。良好的礼仪不仅能够促进个人间的和谐相处，也是国家文化软实力的体现，对国际交流亦具有重要作用。

4. 节俭

节俭是中华民族传统美德之一，反映了对资源的尊重和合理利用。在资源日益紧张的今天，节俭不仅是个人美德，也是社会责任。通过倡导节俭，可以促进可持续发展，减少浪费，为环境保护作出贡献。

这些传统文化价值不仅塑造了中华民族的性格，也为现代社会提供了行为指南和道德标准。通过在思想政治教育中加强对这些传统价值的教育和实践，可以帮助大学生更好地理解和继承中华文化的精粹，成为能在现代社会中践行这些传统美德的表率。

（二）中华优秀传统文化教育的目标

在思想政治教育中明确设定教育目标，对于培养大学生深刻理解并践行中华优秀传统文化具有至关重要的作用。

1. 加强课堂教学与文化价值的融合

思想政治教育中应将中华优秀传统文化的核心价值融入课程设计中，使学生能通过系统学习理解这些文化的深层含义。例如，通过历史课程讲解孝道在中国古代社会的作用和演变，通过哲学和伦理学课程探讨诚信和礼仪的哲理基础和现代应用。

2. 推动社会实践与文化价值的结合

鼓励学生参与相关的社会实践活动，如参与地方传统节庆的组织与策划，或在社区开展以传统文化为主题的教育和宣传活动，如书法展示、传统节日讲解等，让学生在实际操作中体验和传承这些文化。

3. 培养文化传承与创新的能力

在教育过程中强调创新思维与传统价值的结合，激励学生探索传统文化在现代社会创新发展中的作用。例如，可以引导学生思考如何在现代企业管理中运用诚信和礼仪文化，或者在产品设计中如何融入节俭的理念。

组织辩论赛和案例分析活动，让学生讨论和解决现实中与传统文化相关的问题，如探讨在全球化背景下如何有效传播和保护中华优秀传统文化，以及如何处理传统文化与现代价值之间的冲突。

通过这些教育和活动的有机结合，不仅可以强化大学生对中华民族优秀传统文化价值的认同，还能有效促进学生将这些文化价值内化于心，并在现代社会中积极践行和宣扬，最终成为优秀传统文化的坚守者、传承者和弘扬者。这种教育模式将对学生的个人发展和社会责任感有着深远的影响。

通过这些教育策略的实施，可以确保大学生不仅理解中华优秀传统文化的内涵，更能在生活和工作中积极践行这些文化价值，为社会的和谐与进步作出贡献。

二、培养中华优秀传统文化的坚守者

在思想政治教育中培养大学生成为传统文化的坚守者，需要系统地从价值观的内化和日常行为的融合两个方面进行策略设计。这不仅涉及传统文化知识的教授，还包括通过具体行动使学生深入理解和实践这些文化价值。

教育活动和课程内容应设计得能够帮助学生深入理解传统文化的核心价值和意义。通过举办文化讲座、研讨会，以及课程设置，如中国历史、中华哲学和中国文学等，使学生能够从多角度接触和理解传统文化。例如，通过分析古代文学作品中的人物行为和社会背景，学生可以更深刻地理解诚信和礼仪的文化意义。利用故事讲述和历史人物学习的方法，强化文化价值的内化。通过讲解历史人物如何在其时代背景下践行和维护这些文化价值，如忠诚、勇敢和智慧，使学生能够将这些价值观与现代生活联系起来，增强对传统文化的情感认同和价值认同。

在校园中推广传统文化的日常实践，如礼仪训练、传统节日庆祝活动等。例如，通过组织春节、中秋节等传统节日的庆祝活动，让学生亲身参与到节日的准备和庆祝中，体验传统文化的魅力。此外，可以定期举办传统礼仪培训工作坊，教授学生如何在正式场合中展示中国传统的礼仪和礼节。

这些日常行为融入传统文化的活动如何帮助学生坚守传统价值观。讨论这些活动如何影响学生的个人行为和思想，以及它们如何促进学生对传统文化的持续关注和实践。例如，探讨学生参与传统艺术（如书法、国画）学习和展示活动后，对个人文化自信和创造力的积极影响。

通过这样的教育策略，不仅在理论上加深了学生对传统文化的认识，更在行为上促进了学生对这些文化的实践和坚守。最终，这将帮助大学生成为能够在现代社会中积极传承和弘扬中华优秀传统文化的重要力量。

三、培养中华优秀传统文化传承者

在大学生思想政治教育中，培养学生成为传统文化的传承者是一项重要任务。这不仅需要通过教育和技能传授，增强学生的文化技能和知识，还需要通过跨代沟通和交流，增强学生对传统文化的责任感和使命感。

（一）教育与技能传授

在课堂教学和工作坊中教授与传统文化相关的技能，是培养学生成为传统文化传承者的基础。例如，可以开设书法课程，让学生学习中国书法的基本笔画和作品创作；音乐课程可以包括学习传统乐器如古筝、二胡等；舞蹈课程则可以教授各种民族舞蹈。这些技能的学习不仅能够让学生深入理解文化的精髓，还能够激发他们对传统文化的兴趣和热情。

通过创建以传统文化为主题的学生社团或兴趣小组，可以促进学生之间的技能和知识传承。这些平台不仅提供了学生展示自己技能的机会，也促进了经验和技巧的互相学习。例如，书法社、传统音乐团、民族舞蹈队等，可以定期举办活动和表演，鼓励学生积极参与并向校园社区和社会大众展示成果。

（二）跨代沟通和交流

通过组织学生与长辈及文化专家的交流活动，可以强化学生的传承意识。这些活动可以是讲座、研讨会，或是更为互动的座谈会，让学生有机会直接从经验丰富的文化传承者那里学习。例如，邀请知名书法家、音乐家或舞蹈家来校进行技艺展示和经验分享，让学生从大师的演示中学习和启发。

这些跨代的交流和沟通活动不仅提供了学习机会，更是强化学生责任感和使命感的重要方式。通过了解文化传承的重要性和紧迫性，学生可以意识到自己在维护和发扬传统文化中的角色，从而更加积极地参与到文化保护和传承活动中，确保文化的连续性和活力。

通过这些策略的实施，大学生不仅能够掌握传统文化的相关技能，更将深刻理解其背后的文化意义，增强成为文化传承者的责任感和使命感。这种全方位的教育模式将有效促进优秀传统文化的传承与发展。

四、培养中华优秀传统文化弘扬者

在全球化快速发展的今天，大学生思想政治教育的一个重要任务是培养学生成为优秀传统文化的弘扬者。这不仅要求学生能够理解和尊重传统文化，还需要他们能在现代社会中创新和推广这些文化，以及在国内外进行有效的文化交流。

（一）文化创新与现代应用

在培养学生弘扬和创新传统文化方面，思想政治教育应重点关注如何将传统元素与现代应用相结合，使传统文化不仅得以保存，更能在新的时代背景下焕发新生。这种文化创新与现代应用的结合是对学生创造力和实际操作能力的重要考验，同时也是对其文化理解深度的体现。

教育首先应确保学生对传统文化有深入的理解和尊重。这不仅涉及对文化历史的学习，还包括对其哲学和美学价值的认识。教育者可以通过组织访问博物馆、传统艺术表演以及与传统艺术家的互动等方式，让学生直接体验和学习传统文化，从而建立对这些文化遗产的深厚感情。

在设计课程中，教师可以引导学生如何将中国传统的图案、颜色和造型融入现代产品设计中。例如，在时装设计中，学生可以尝试将中国传统服饰的元素，如旗袍的线条、中国结的图案或是京剧脸谱的色彩应用于现代服装设计中，创造出既具现代感又不失文化底蕴的服装。此外，这种设计活动不仅限于视觉艺术，还可以扩展到产品设计、建筑设计等领域，如使用传统窗花图案在现代建筑中创建独特的视觉效果。

利用现代信息技术将传统文化传播与教育现代化也是文化创新的重要方面。在信息技术课程中，学生可以开发以传统文化为主题的应用程序，如开发一个增强现实（AR）应用，用户可以通过手机镜头看到传统建筑或艺术品的历史信息和文化解说。另一个例子是利用虚拟现实（VR）技术，创建沉浸式的传统节日体验，如虚拟现实中的春节庆典，让用户无论身处何地都能体验到传统节日的氛围和乐趣。

通过这些教育策略的实施，学生不仅能学到如何保护和尊重传统文化，还能学会如何将这些传统元素通过现代技术和创意思维转化为新的文化产品。这样的教育方式有助于学生在全球化的背景下，成为能够将中华文化与世界文化对话的桥梁，推动传统文化在全球范围内的传播和发展。

（二）国内外文化交流与传播

在全球化的今天，通过国内外的文化交流和传播活动，不仅可以增进世界对中华文化的理解和认知，还能够促进跨文化对话和相互尊重。这对于维护文化多样性和推广全球文化遗产保护具有重要意义。

1. 参与国际平台的重要性

在全球化背景下，国际会议、研讨会和文化节等活动是展示中华文化独特魅力的重要窗口。这些活动不仅提供了一个向世界展示中华优秀传统文化的平台，还是学生学习和体验其他文化的机会。通过这些交流，学生不仅可以提升自己的文化自信，还能增强国际视野和跨文化交流能力。

2. 组织学生参与国际文化交流

教育机构可以组织学生参加国际学生节、文化交流项目等，这些活动通常包括文化展览、艺术表演和学术交流等多种形式。例如，学生可以在国际学生节中设立展位，展示中国的传统工艺如剪纸、陶瓷制作，或进行茶艺和书法的现场演示。此外，可以组织学生进行京剧或武术的表演，这些活动不仅能让国际观众深入了解中国的传统艺术，也能让学生在准备和表演过程中加深对自身文化的理解和鉴赏。

3. 加强学生的国际交流能力

教育者应重视培养学生的国际交流能力，包括语言能力和跨文化沟通技巧。可以通过设置特定的课程或工作坊，教授学生如何在国际舞台上有效地介绍和解释中国文化，以及如何处理可能出现的文化差异和误解。此外，鼓励学生参与国际志愿者项目，如参与国际文化遗产保护项目，不仅能增强实际操作经验，还能实际参与到全球文化交流中。

通过这些教育策略，学生将能够在尊重和理解全球多元文化的基础上，有效地传播和弘扬中华优秀传统文化，成为促进国际文化理解和交流的重要桥梁。这种跨文化的交流和传播活动，最终将有助于构建一个相互尊重和文化多样性的全球社会。

第五节 培养和造就构建人类命运共同体的倡导者、参与者、推动者

在当今世界，全球化不断深化，各国之间的相互依存性越来越强。这种背景下，构建人类命运共同体成为全球发展的重要愿景，强调不同国家、不同民族、不同文化之间的相互尊重与合作。大学生作为未来的社会精英和决策者，他们在推动这一全球愿景中扮演着极其关键的角色。

大学生，特别是在高等教育机构中受教育的青年，他们有机会接受最新的知识和信息，培养批判性思维和创新能力。他们在推动构建人类命运共同体中的潜在角色包括作为倡导者，通过提高公众对全球问题的认识；作为参与者，通过参与或发起相关的项目和活动；以及作为推动者，通过未来的职业角色在政策制定或企业决策中推动全球合作与发展。

一、人类命运共同体理念的核心内容与意义

在当今全球化深入发展的背景下，构建人类命运共同体的理念对于促进全球和平

与发展具有重要意义。这一理念不仅呼吁国家之间的合作与共赢，也强调文化间的交流与学习，为全球治理提供了新的思路和解决方案。在思想政治教育中，强化大学生对这一理念的理解和实践，是培养具有全球责任感和国际视野的未来领导者的关键。

（一）"人类命运共同体"的核心理念

"人类命运共同体"的核心理念是构建一个更加和平、公正、繁荣的全球社会的重要思想基础。这一理念呼吁国际社会在多个层面上增强合作和理解，以实现持久和平和共同发展。以下是这一理念的核心内容及其具体意义的进一步阐述：

1. 和平共处

和平共处是人类命运共同体理念的根本。这一原则主张所有国家不论大小、强弱、贫富，都应平等相待，通过和平手段解决国际争端。这一理念强调的是构建一个无核战争、无冷战思维的国际环境，倡导以对话而非对抗，以合作而非阻碍的方式处理国际关系和国际问题。实践中，这可以通过加强国际法的作用、有效利用联合国等多边机构平台来实现。

2. 开放合作

开放合作是推动全球化健康发展的关键，强调的是各国经济体系的互联互通与市场的互利共赢。通过降低贸易壁垒、促进资本和技术的自由流动，各国可以在更大范围内优化资源配置，从而提高生产效率和创新能力。开放合作还包括加强环境保护和气候变化合作，确保全球化发展的可持续性。

3. 互学互鉴

互学互鉴强调在全球多元文化的背景下，各国应尊重文化差异，通过学习和借鉴其他国家的优秀文化实践，丰富自身的文化生活和提升社会治理水平。这一过程不仅促进了文化的繁荣与创新，也有助于增进人民之间的相互理解和友好，构建国际社会的文化和谐。

4. 共同繁荣

共同繁荣核心在于推动全球范围内的经济均衡发展，缩小发展中与发达国家之间的差距。这要求发达国家提供更多支持给发展中国家，如技术转移、教育培训、金融援助等，帮助后者加速发展，实现自主可持续的经济增长。共同繁荣也意味着在全球经济一体化中，各国都能公平地分享经济全球化的成果，避免出现赢者通吃的局面。

在全球化的时代背景下，思想政治教育不仅要培养学生的本国视角，更应拓展其国际视野，培养他们成为具有全球责任感的公民。这一教育目标旨在通过各种教学活动和实践机会，使学生深刻理解并积极参与到人类命运共同体的构建中。

（二）思想政治教育中的教育目标

1. 理解并认同人类命运共同体理念

（1）课堂教学：在大学的课程中，尤其是国际关系、全球政治、环境科学等相关学科，教师应重点讲解人类命运共同体的重要性和实际意义。通过详细的案例分析和理论学习，让学生了解全球合作在解决气候变化、贫困、疾病和冲突等问题中的关键角色。

（2）模拟国际组织活动：通过模拟联合国、世界银行等国际组织的会议，让学生扮演各国代表，讨论和解决全球性问题。这种模拟活动可以增强学生的外交谈判技能，同时加深他们对国际事务复杂性的理解。

2. 增强全球视野

（1）国际交流项目：鼓励学生参加国际学生交流计划，如留学、国际会议或者海外志愿项目。这些经历能让学生亲身体验不同文化，理解全球多样性，提升跨文化沟通与合作的能力。

（2）跨国研究项目：支持学生参与全球或区域性研究项目，如跨国环保项目、国际公共卫生研究等，这不仅能够提升他们的研究能力，还能使他们直接参与解决全球问题，实现学以致用。

3. 培养实际行动能力

（1）国际志愿服务：鼓励学生加入国际志愿者组织，参与国际救援、文化交流、教育支持等项目。通过这些实践活动，学生能够将人类命运共同体的理念转化为具体行动，同时培养其全球责任感。

（2）职业规划指导：在职业发展中心，提供针对性的指导，帮助学生探索如何在其职业生涯中，特别是在国际组织、跨国公司或非政府组织中，推动和实践构建人类命运共同体的相关工作。

通过这些教育目标的实现，大学生将能够不仅仅作为理论上的了解者和支持者，更将成为人类命运共同体构建中的实际参与者和积极推动者。这些经历将极大地丰富他们的学习体验，并为他们将来在全球舞台上发挥作用提供坚实的基础。

二、培养倡导者的教育策略

（一）全球视野的形成

在全球化日益加深的今天，培养大学生的全球视野成为思想政治教育中的一项重要任务。通过国际问题教育和多文化理解课程，学生可以学习到不同文化和国家的社会政治背景，这不仅有助于拓宽他们的视野，也促进了跨文化的理解和尊重。例如，引入关于联合国和其他国际组织的案例研究，可以让学生深入了解这些组织在处理全球问题上的角色和影响力。通过分析具体的国际案例，如气候变化、人权保护等议题，学生能够更加真切地感受到国际合作的重要性，并激发他们参与国际事务的意识和热情。

（二）倡导技能的培养

为了使大学生能够在未来成为有效的社会倡导者，教授他们必要的沟通和倡议技能是必不可少的。公共演讲课程可以训练学生的表达能力和说服技巧，而外交辩论和多语种能力的学习则能帮助他们在国际舞台上更好地交流和表达。此外，通过举办模拟联合国等活动，学生不仅可以实践他们的倡议技能，还能在模拟的国际环境中体验和学习如何在复杂的全球问题中寻求合作和解决方案。这样的实践活动有助于学生深化对"人类命运共同体"理念的理解，并在未来的国际舞台上成为积极的参与者和倡导者。

通过这些教育策略的实施，我们不仅能培养学生的全球视野，还能激发他们成为未来全球问题解决的倡导者。这种思想政治教育的深化，对于学生的个人成长及其未来在国际社会中的角色均具有深远的影响。

三、培养参与者的教育策略

（一）实践项目与国际交流

为了更有效地培养学生的国际视野和实际参与能力，设计涉及国际合作的实践项目显得尤为重要。例如，通过跨国研究计划，学生可以与世界各地的同行进行合作，共同研究全球性的挑战如气候变化、可持续发展等问题。这不仅提升了学生的研究能力，也加深了他们对国际合作的实际体验和理解。

此外，参与国际志愿者服务不仅能让学生在实际的国际服务中应用他们的技能，还能增强他们的全球责任感。通过这些活动，学生能够实现理念的跨文化传播与实践，并在真实环境中学习如何面对和解决实际问题。

推动学生参与国际学术交流和文化交流也非常重要。这些交流机会能让学生亲身体验不同文化，理解不同国家的政治和社会结构，从而培养出真正具有国际视野和全球参与意识的未来领袖。

（二）跨学科学习的推广

在全球问题日益复杂的今天，单一学科往往难以全面解决问题。因此，鼓励学生进行跨学科学习显得尤为重要。通过结合国际关系、环境科学、经济学等不同学科的知识，学生能够从多角度理解全球问题，并参与到解决方案的制定中。例如，环境问题不仅是科技的挑战，也涉及政治、经济和社会层面的因素。

学校可以通过设置跨学科课程、工作坊或项目来促进这种学习方式。这样的教育策略不仅提升学生的综合分析能力，也提升了他们在多元化团队中工作的能力，为他们将来在国际舞台上发挥作用打下坚实的基础。

通过实践项目与国际交流以及跨学科学习的推广，大学生在思想政治教育中的参与度将得到显著提高，为他们成为未来的全球公民和问题解决者奠定坚实基础。

四、培养推动者的教育策略

（一）领导力与创新能力的培养

在当今快速变化的世界，领导力和创新能力是学生在国际舞台上成为意见领袖的关键。为此，我们致力于通过多元化的课程和活动来培养学生的领导力。这包括提供领导力训练课程、组织领导力挑战活动和邀请行业领袖举办讲座和研讨会，这些都是激发学生潜能和培养其领导技能的有效方法。

同时，通过创新教育和创业支持，我们鼓励学生提出并实施推动全球合作的新策略。创新实验室、创业孵化器以及与企业的合作项目提供了平台，让学生可以将他们的创新想法转化为实际项目，这不仅提升了他们的实践能力，也锻炼了他们的创业精神。

（二）策略规划与执行力的强化

教授策略规划与项目管理技能是提高学生将理念转化为具体行动能力的重要一环。课程设计中包含了从基础的项目管理技能到高级的策略规划理论，这些课程帮助学生学习如何设计、规划及执行复杂的项目。通过模拟项目的执行，学生能够在安全的学习环境中犯错、学习并最终精进自己的技能。

此外，分析全球合作的成功案例，如国际环境保护协议的签订过程或国际卫生组织的疫情响应策略，可以使学生了解在复杂的国际环境中推动合作的挑战和策略。这样的案例教学不仅提升了学生的理论知识水平，更重要的是提高了他们的实际应用能力，为他们未来在国际舞台上有效推动人类命运共同体的构建提供了宝贵的经验。

通过领导力与创新能力的培养，以及策略规划与执行力的强化，我们不仅培养了能够领导和推动全球议题的学生，还为他们将来在国际领域中扮演关键角色奠定了坚实的基础。

第五章 新时代大学生思想政治教育的主要内容

在新时代的背景下，大学生思想政治教育面临着更新的内容与方法的双重要求。首先，新时代的思想政治教育应重点强化对中国特色社会主义理论的深入学习，确保大学生能够准确理解和把握习近平新时代中国特色社会主义思想的丰富内涵和实践要求。其次，教育内容需覆盖"五史"教育、爱国主义教育、社会主义核心价值观等多方面，以培养学生的全面性和责任感。此外，加强道德修养和优良传统文化的传承教育，也是新时代思想政治教育不可或缺的一部分。

第一节 理想信念教育

在新时代的大学生思想政治教育中，理想信念教育是基础和关键。它不仅关系着大学生能否树立正确的世界观、人生观和价值观，还直接影响着他们作为未来社会主力军的思想品质和行为准则。在全球化的大背景下，大学生们面临着多元价值观的冲击和选择，理想信念教育能够为他们提供明确的方向和强大的精神支撑，帮助他们在复杂的社会环境中保持清晰的认知和坚定的立场。

理想信念教育指的是通过教育活动，引导学生树立和坚持科学的世界观、人生观和价值观，培养他们对社会、对国家、对未来有正确的认知和追求。其目标不仅是让学生认识到个人的发展与国家和民族的命运紧密相连，还要激发他们的社会责任感和历史使命感，使他们成为有理想、有道德、有文化、有纪律的社会公民。

一、理想信念教育的理论基础

（一）马克思主义与中国特色社会主义理念

马克思主义作为一种科学的世界观和方法论，为现代社会提供了深刻的社会发展和人类解放的理论。其基本原理如阶级斗争、剩余价值论等，不仅揭示了资本主义社会的本质和发展规律，也为社会主义建设提供了理论指导。在中国，马克思主义与中国具体实际相结合，形成了中国特色社会主义理论，这一理论不断发展和完善，成为引领国家发展和社会进步的根本指导思想。

在新时代背景下，中国特色社会主义理论继续发展，其适用性和前瞻性得到了进一步的验证和加强。特别是在解决人民日益增长的美好生活需要与不平衡不充分的发展之间的矛盾时，该理论展现出强大的生命力和指导力。

（二）新时代背景下的理想信念构建

习近平新时代中国特色社会主义思想是当前理想信念教育的核心内容。这一思想不仅总结了中国特色社会主义实践的新经验，也提出了一系列新理念、新思想、新战略。在理想信念教育中，深入学习和宣传这一思想，对于大学生树立正确的世界观、人生观、价值观具有不可替代的作用。

面对新时代的要求和挑战，大学生的理想信念教育也必须与时俱进。新时代对大学生提出了更高的要求，如创新能力、国际视野、社会责任感等，这些都需要在理想信念教育中得到充分的体现和强化。通过更新教育内容、改进教育方法和拓展教育渠道，可以有效帮助大学生在迅速变化的社会中找到自己的位置，明确自己的目标，坚定自己的信念。

二、理想信念教育的核心内容

（一）理想信念的核心要素

理想信念教育的核心内容涵盖了爱国主义、集体主义、社会主义和共产主义理想，这些要素不仅根植于中国传统美德，也是社会主义核心价值观的重要支柱。这些理念在塑造大学生的人格形成和价值取向方面起着至关重要的作用。

以爱国主义为例，这不仅意味着学生应热爱自己的国家，更重要的是要求他们积极参与国家的建设和发展。爱国主义教育鼓励学生了解国家的历史和文化，理解国家发展的挑战与成就，从而增强他们对国家前途的责任感和自豪感。这种情感的培养能够激发学生为实现国家繁荣而贡献自己的力量。

集体主义教育则注重团队精神和集体利益的重要性。通过强调团队协作和共同目标的追求，集体主义不仅培养学生的社会责任感，还增强了他们的牺牲精神和对集体的忠诚。这种教育有助于学生在未来的工作和社会生活中更好地融入团队，为集体的利益作出贡献。

社会主义和共产主义理想的教育则更加注重对高尚社会理想的追求。它们教导学生应致力于增进社会的整体福祉，追求共同富裕和社会公平正义。通过深入学习这些理念，学生们能够形成一种全面的社会发展观，认识到个人发展与社会进步的紧密联系，并积极寻求为社会带来正面改变的途径。

总之，这些理想信念要素不仅塑造了学生的世界观和人生观，而且显著促进了他们个人道德和社会责任感的发展。通过在学生心中根植这些深刻的价值观，他们不仅能认识到自己行为对社会的影响，还将在未来的职业生涯和日常生活中，承担起建设和发展国家的重要任务。这样的教育不仅为学生个人成长提供了方向，也为国家的持续进步培养了负责任的公民。

（二）与时俱进的理想信念教育

随着社会的快速发展和科技的进步，理想信念教育亦需不断革新以适应时代的变迁。将传统的价值观与现代社会的需求相结合，是刷新理想信念教育内容和方法的关键步骤。通过在教育内容中融入现代中国的发展成就和所面临的挑战，理想信念教育能够更紧密地与学生的现实生活和未来职业联系起来，从而增强教育的实用性和吸引力。例如，可以将中国在科技、环保、社会治理等领域取得的进展以及相关的国际合作和外交努力纳入教学内容。通过这种方式，学生不仅可以学习到如何在全球化的背景下为国家的发展贡献自己的力量，也能更好地理解国家发展对个人生活的具体影响。

在教学方法上，利用现代教育技术和媒介进行理想信念教育是提高教育效果的有效策略。通过在线课程、互动平台和社交媒体等手段，教育的传播能够突破地理和时间的限制，让更多的学生能够接触到高质量的教育资源。这种方式也促使教育内容能够实时更新，保证学生得到最新的信息和知识。

此外，结合多媒体和虚拟现实技术，教育者可以创造出更加生动、直观的教学情景。例如，通过虚拟现实技术模拟重大历史事件或未来社会模型，学生可以在沉浸式的环境中学习，这种互动性和实景感的提升显著增强了学生的学习兴趣和参与度。这些技术的应用不仅使得理想信念教育更加生动有趣，而且帮助学生在虚拟环境中培养解决实际问题的能力。

通过这些创新的教学策略和技术应用，理想信念教育能够更好地适应现代教育的需求，更有效地激发学生的学习动力和积极性，从而在新时代背景下培养出具有国际视野和社会责任感的优秀人才。

第二节 社会主义核心价值观教育

对于大学生而言，社会主义核心价值观对其思想、行为和未来的职业发展具有深远的影响。这一价值体系不仅影响着他们的世界观和人生观的形成，也是其日常行为和职业选择的重要参考。例如，爱国心激发学生对国家的热爱和奉献精神，敬业促使学生在学习和未来的工作中追求卓越。诚信和友善则是人际交往和社会活动中必须遵循的基本道德规范，影响着他们如何与人为善和建立信任。在职业发展上，这些价值观也引导学生选择对社会有益的事业，努力成为对国家和社会有贡献的人才。

社会主义核心价值观是中华民族精神的现代表达，是全体中国人共同遵守的社会行为准则。这些价值观涵盖了国家、社会和个人三个层面，形成了一个全面的价值体系。

一、国家层面的价值观

国家层面的价值观包括富强、民主、文明和和谐，这些价值观不仅描绘了国家的长远目标，也反映了中国社会的发展方向。每一个价值观都承载着深刻的历史和文化意义，为国家的现代化进程提供了道德和理论支持。

"富强"强调国家的经济实力和科技能力，是实现社会主义现代化的基础。在全球化的经济环境中，一个国家的富强不仅体现在其经济总量的增长，更体现在其科技创新和高质量发展的能力。政策制定者通过推动科技进步和工业升级，努力提升国家的国际竞争力，确保经济的持续健康发展。富强也意味着要减少贫困，改善人民的生活质量，使经济发展的成果惠及每一个公民。

"民主"是社会主义政治文明的重要体现，涵盖了人民通过法定途径参与国家政治生活的权利和能力。这不仅包括选举权和被选举权,还包括民众参与公共事务决策的各种机制。通过立法、民主协商、社会监督等多种形式,民主确保了政策的透明度和公众参与度,提升了政府的公信力和效率。民主促进了政治稳定和社会进步,保证了各项改革措施能够得到广泛的社会支持和正确的实施。

"文明"反映了一个国家的文化发展水平和社会文明程度。它不仅关乎物质文明的积累,更重要的是精神文明的提升。这包括公民的教育水平、文化素养、道德风貌和行为规范。通过教育普及、文化传承和创新以及全民道德建设,文明价值观引导人们尊重历史、珍视文化、倡导科学,并推动社会全面进步。

"和谐"强调的是社会的整体稳定与民族团结。在多元化的社会结构中,和谐是处理不同社会群体间关系的关键。它要求公正合理地分配社会资源,妥善解决社会矛盾,促进各族人民之间的相互理解和尊重。和谐也体现在人与自然的关系上,倡导可持续发展,强调环境保护和生态平衡,确保自然资源的合理利用和长远保护。

通过这些核心价值观的实践与推广,不仅加强了国家的整体力量和国际地位,还促进了社会的全面和谐发展,为构建一个更加公正、平等、富裕的社会奠定了坚实的基础。

二、社会层面的价值观

社会层面的价值观,即自由、平等、公正和法治,构成了建设社会主义社会的道德和法律框架。这些原则不仅是现代社会治理的基本准则,也是维护社会秩序和促进社会和谐的关键要素。

自由是现代社会的基本价值之一,涉及个体在法律允许的范围内的活动自由。这包括言论自由、信仰自由、集会自由等,是个人发展和自我表达的基本保障。在社会主义社会中,自由不是无限制的,而是在不侵犯他人权利和公共利益的前提下的自由。这种平衡确保了自由的实现既不会妨碍社会的整体利益,也不会侵犯他人的合法权益。

平等是社会主义社会的核心原则之一,指的是所有公民在法律面前的平等和享有机会的平等。这意味着无论一个人的性别、种族、年龄、宗教信仰或社会地位如何,都应享有相同的法律权利和机会。社会政策和法律制度应致力于消除社会不平等,包括教育、就业和医疗等方面的机会平等,以确保每个人都能在公平的条件下追求个人的发展和幸福。

公正是社会资源分配和社会地位获取的基本要求。它要求社会的各种资源和机会应按照公平的标准分配给所有人，而不是基于特权或偏见。公正还包括司法公正和程序公正，即确保法律的执行和司法程序公正无私，使所有公民都能在争议解决中得到公平的对待。公正的实现有助于增强社会的凝聚力，减少贫富差距，并促进社会稳定。

法治是现代社会治理的基石，确保所有社会行为都必须依法进行。它强调法律的至上性和普遍适用性，保证法律面前人人平等。法治的实施有助于构建一个有序的社会环境，增强公民的法律意识，同时防止任意权力的滥用。通过完善的法律体系和严格的法律执行，法治不仅保护个人权利，也维护社会公正和秩序。

这些社会层面的价值观共同构建了一个更加自由、平等、公正和法治的社会主义社会，不仅促进了个人的全面发展，也推动了整个社会的和谐与进步。

三、个人层面的价值观

个人层面的价值观是塑造社会文化和道德风貌的基石，包括爱国、敬业、诚信和友善。这些价值观不仅反映个体的道德素质和行为规范，也是社会和谐与进步的重要保障。

爱国是指对自己国家的深厚感情及忠诚。这种价值观不仅涵盖了对国家的热爱和对国家利益的维护，还包括了对国家文化和传统的尊重与传承。爱国心激励个人在国家需要时作出贡献，无论是通过军事服务、公共服务还是通过日常的公民责任如遵守法律和参与公共事务。在全球化的今天，爱国也意味着在国际舞台上正面展示本国文化，促进国家形象的积极建设。

敬业代表的是对自己职业的热爱和奉献精神，以及在工作中追求卓越和精益求精的态度。这不仅是职业成功的关键，也是对社会贡献的重要方式。敬业的人不仅能够提高工作效率和质量，也能通过自己的专业能力和正面态度影响同事和行业标准，从而推动整个社会的生产力和创新能力。

诚信是指在行为上展现诚实和可靠的品质，是个人信誉和社会信任的基础。在个人层面，诚信表现为言行一致，承诺必履行，不欺骗、不隐瞒。在商业交往中，诚信则是公平交易的前提。社会中的信任体系依赖于个体的诚信，而一个诚信的社会环境能够降低交易成本，增强社会稳定性。

友善涵盖了对他人的温柔待遇、尊重和关心。在多元化和充满压力的现代社会，友善是维护人际关系和社会和谐的重要行为准则。友善的行为能够促进社会成员间的理解与合作，减少冲突和矛盾。它不仅仅是日常交往中的礼貌表现，更是一种能够穿透社会阶层和文化差异的普遍价值。

这些个人层面的价值观共同构成了一个坚实的道德基础，使个体在现代社会中能够以健康的心态和行为标准，积极地生活和工作。通过培养这些价值观，社会能够塑造出更多具有责任感和道德意识的公民，为社会的持续发展和文明进步提供动力。

第三节 "五史"教育

在新时代的中国，大学生作为社会未来的建设者和承载者，对国家的发展至关重要。特别是在快速变化的全球化背景下，加强对大学生的思想政治教育显得尤为重要。其中，"五史"（中国历史、党史、新中国史、改革开放史、社会主义发展史）教育作为一种全面、深入了解中国从古至今发展脉络的重要内容，对于培养大学生的国家认同感和使命感有着不可替代的作用。

首先，"五史"教育能够帮助大学生系统地了解中华民族的悠久历史和辉煌文化，深化对中国传统文化的认识和理解。通过学习中国历史，学生不仅可以领略到中华文明的丰富多彩和历史的深远，还能理解中华民族在世界文明中的独特地位和作用。

其次，党史和新中国史的学习则让大学生更好地理解中国共产党领导的多党合作和政治协商制度，认识到党在中国现代化建设中的核心领导作用。这不仅增强了学生们的政治意识，更是加深了他们对社会主义建设伟大实践的了解。

最后，改革开放史和社会主义发展史的学习，使得大学生能够清晰地看到中国在全球化进程中的战略调整，理解改革开放对中国社会经济发展所起的巨大推动作用，以及社会主义现代化建设的成就与挑战。这不仅让学生们对国家未来的发展方向和策略有更深刻的认识，也激发了他们对参与国家建设的热情和责任感。

一、"五史"教育的内容和目标

（一）"五史"教育的内容

"五史"教育是大学生思想政治教育的重要组成部分，涵盖中国历史、党史、新中国史、改革开放史和社会主义发展史。这一教育内容旨在通过历史的视角加深学生对国家发展脉络的理解,强化他们的国家意识和历史使命感。

1. 中国历史

这一部分的教育内容不仅强调中国悠久的历史和丰富的文化遗产,还涉及对各个历史时期的深入学习,从黄河文明的起源、秦汉帝国的统一与扩展、唐宋时期的文化繁荣,到明清的对外开放和内部变革。学生们将探索这些时期如何通过政治、社会、科技和文化的互动塑造了中华民族的身份和特性,以及这些历史背景如何影响并定义了今天的中国。特别是通过了解中国的传统哲学、文学作品、艺术成就以及历史人物的生平,学生可以深入理解中华文化的连续性和发展。

2. 党史

党史教育是了解现代中国不可或缺的一部分,它帮助学生深入了解中国共产党从成立初期的艰难困境,到领导中国人民抗日战争和解放战争的胜利,再到新中国的建设和改革开放的历程。通过学习党在不同历史阶段的政策决策和战略调整,学生能够更全面地认识到党在国家和民族历史中的领导作用,以及党如何在复杂多变的国内外环境中保持和发展其核心地位,进而理解党在推动国家社会主义现代化进程中的决定性作用。

3. 新中国史

从1949年新中国的成立,到经历社会主义改造、"大跃进"、"文化大革命"等重大事件,新中国史的部分让学生理解新中国成立后面临的种种挑战和取得的成就。学生将了解如何从一穷二白的起点,通过各种社会政策和改革,逐步建立起独立的工业体系和国民经济,以及如何在国际上确立起新的地位。这部分还包括对"文化大革命"等敏感时期的批判性学习,使学生能够从中吸取历史教训。

4. 改革开放史

改革开放标志着中国历史的一个重大转折点,这一部分详细介绍自1978年以来改革开放政策如何深刻改变中国社会和经济面貌。学生将学习邓小平理论的核心思想,以及开放政策如何使中国经济快速增长,促进了从农业国向工业国的转变,及其对世界经济的影响。此外,也会探讨改革开放带来的社会变化,如城市化进程、社会结构变动以及新的社会问题。

5. 社会主义发展史

社会主义发展史部分着重于社会主义理论在中国的适应和演变。从马克思主义的引入，毛泽东思想的形成及其在中国革命和建设中的应用，到改革开放后的理论创新，如邓小平理论的"三个代表"重要思想，再到21世纪的中国特色社会主义进入新时代，习近平新时代中国特色社会主义思想的提出。这一部分不仅帮助学生理解社会主义从理论到实践在中国的历史性适应，也让他们洞察这些理论是如何指导国家应对新的国内外挑战的。

通过系统地学习"五史"，学生不仅能够加深对中国特色社会主义的理解和认同，还能在全球化的今天，更好地为国家的发展和民族的复兴贡献自己的力量。

（二）"五史"教育的目标

1. 培养学生的历史责任感和使命感

通过对中国历史的深入学习，包括古代中国的文明发展、近现代的社会变革以及改革开放后的经济快速增长，学生能够理解自己在推动国家未来发展中的重要性。这种教育帮助学生站在历史的高度，以宏观的视角看待个人的行为和决策，从国家和民族的整体利益出发，思考和行动。这不仅增强了学生的责任感，也培育了他们在面对挑战和机遇时的历史担当。

2. 加深学生对中国特色社会主义的理解和认同

"五史"教育通过全方位地介绍社会主义在中国的发展历程，使学生能够理解中国特色社会主义道路的选择不是偶然的，而是基于中国的历史条件、文化传统和现实需求的科学决策。学生通过学习可以看到这一道路如何帮助中国解决了历史遗留问题，实现社会稳定和经济发展。这样的历史教育不仅加深学生对该理论的理解，还能增强他们的信心和自豪感，让他们更加认同并积极参与到中国特色社会主义的实践中。

通过这样系统的"五史"教育，学生不仅能够获得对国家历史和发展的深层理解，而且能够激发起他们的爱国情感和历史使命感。这样的教育是为了培养具有历史责任感和全球视野的新时代社会主义建设者，让他们能够在未来的社会发展和国际舞台上，作出贡献并展现中国的正面形象。这不仅是对个人的成长与教育的投资，更是对国家未来的投资，打下坚实的基础。

二、"五史"教育的理论基础和教学方法

"五史"教育作为加强大学生思想政治教育的重要内容，其理论基础和教学方法的选择尤为关键。本节旨在深入探讨这两个方面，确保"五史"教育能够有效地实施，并达到预期的教育效果。

（一）"五史"教育的理论基础

1. 马克思主义历史观的应用

"五史"教育的核心理论基础是马克思主义历史观，它强调历史的物质决定论和社会存在决定社会意识。在教育过程中，强调这一观点能帮助学生正确理解历史事件和人物的经济基础和社会条件，从而全面客观地评价历史现象。通过马克思主义历史观的引导，学生能够更深刻地理解中国社会主义发展的历史必然性和科学性。

2. 增强历史唯物主义理解

通过"五史"教育，加强学生的历史唯物主义理解是非常重要的。这种理解帮助学生认识到历史的发展不是偶然的，而是有其内在的必然逻辑和规律。教育中应当注重揭示这些规律，比如通过具体的历史事件展示经济基础如何影响上层建筑，或者如何通过改革开放推动社会主义社会的现代化。

（二）"五史"教育的教学方法

1. 采用多样化的教学方法

为了使"五史"教育更加生动和有效，应采用多样化的教学方法。这包括但不限于讲座、研讨、案例分析和实地考察。例如，讲座可以提供宏观的历史解读，研讨则促进学生之间的思想交流，案例分析帮助学生深入理解具体事件的复杂性，实地考察则增强学生的实地感知能力和历史感。

2. 强调互动学习和批判性思维的培养

互动学习不仅可以提高学生的学习积极性，还能促进知识的内化。通过小组讨论、角色扮演等方式，学生能在交流中深化对历史事件的理解和思考。同时，教学中应鼓

励学生培养批判性思维，不仅接受历史知识，更要学会独立思考，评价历史事件的多方面影响，这对形成独立完整的世界观和价值观是必不可少的。

总之，通过系统的理论学习和多样化的教学实践，大学生可以在"五史"教育中获得深刻的历史知识，培养正确的历史观和世界观，从而更好地服务于国家的发展和社会主义现代化建设。

第四节 爱国主义教育

在新时代中国特色社会主义教育中，爱国主义扮演着极其关键的角色。作为传承和弘扬中华民族精神的核心价值之一，爱国主义不仅是激发国民对国家的深厚感情的重要因素，也是推动国家现代化和世界地位提升的重要动力。在全球化和国际竞争日益激烈的背景下，爱国主义能够激励大学生积极参与国家建设和发展，增强国家凝聚力，促进社会稳定和谐。

一、爱国主义的历史与理论基础

（一）爱国主义的历史基础

中国的爱国主义具有深厚的历史根基，其发展融合了丰富的历史事件和杰出人物的影响。从古代的诸子百家，到近现代的抗外侵斗争，再到现代的改革开放，每一个时期都有爱国主义的鲜明体现。

1. 古代的忠君爱国精神

在古代中国，儒家思想深深影响了社会的文化和政治生活。特别是"忠君爱国"精神，这一思想不仅是儒家教义的重要组成部分，也成为维系古代社会稳定的道德规范。这种精神强调个人对国家和君主的忠诚不仅是个人品德的体现，也是维护国家和社会秩序的基石。通过文学作品、历史记载和教育传播，忠君爱国的思想成为了普通民众的行为准则，影响了无数代人。

2. 近现代的民族觉醒与抵抗侵略

进入近现代，尤其是面对列强的侵略，爱国主义表现为更加直接地抵抗外敌和推动民族独立的行动。在这一时期，孙中山的民主革命提出了"振兴中华"的目标，引发了广泛的民族觉醒。此外，抗日战争时期，广泛的民族团结与坚韧的抵抗精神展示了中国人民不屈不挠的爱国主义情怀。这一阶段的爱国主义强调的是民族的自立与自强，为中国的现代国家建设奠定了坚实的基础。

3. 现代中国的爱国主义新内涵

改革开放以来，随着中国经济的飞速发展和国家实力的显著提升，爱国主义的内涵也发生了新的变化。现代的爱国主义不仅仅是抵抗外来侵略的简单定义，它更多地与国家现代化和国际地位的提升紧密相关。爱国主义现在更多地体现在支持国家的发展政策，参与国家建设的各个方面，如科技创新、经济建设和国际交流。同时，它也体现在维护国家的国际形象和积极参与全球治理中，展现出一种更加成熟和责任感强的爱国行为。

这些时期的爱国主义虽各有侧重，但共同构成了中国文化的重要部分，并持续影响着中国的政治生活和社会发展。通过学习和理解这些历史阶段的爱国主义，不仅可以更好地把握其历史脉络，也能深刻理解其在当代社会的现实意义和作用。这一丰富的历史表明，爱国主义在中国社会中一直是推动历史进程的重要力量，激励着中国人民在不同历史阶段为国家的独立、自强和富强不懈努力。

（二）爱国主义的理论支持

爱国主义与社会主义核心价值观及马克思主义理论之间存在着深刻的联系。马克思主义认为，每个国家和民族的发展都是世界历史的组成部分，爱国主义是国家和民族为了共同利益而进行社会斗争的自然表现。

1. 爱国主义与社会主义核心价值观的联系

爱国主义与社会主义核心价值观之间的关系是互补和相辅相成的。社会主义核心价值观中的"富强、民主、文明、和谐"为爱国主义提供了具体的行动指南和目标。

富强不仅仅是经济和军事的强大，更是科技和文化的先进，它要求每一个公民都应为国家的繁荣和强盛贡献自己的力量。

民主体现了国家治理的公开透明和人民参与，强调每个公民都应在保障国家利益和民族利益的前提下，积极参与国家和社会事务，实现真正的民主。

文明的提升是对国家文化软实力的强化，爱国主义教育应鼓励公民尊重传统，推广国家语言文化，同时开放接纳外来文化，提升国民整体素质。

和谐则是社会稳定的基石，爱国主义在此基础上强调民族团结，促进各族群之间的和谐共处，为社会主义现代化建设创造和谐稳定的社会环境。

2. 爱国主义在马克思主义理论中的定位

从马克思主义理论角度来看，爱国主义与阶级斗争和国家间关系的理论有着紧密的联系。马克思主义认为，阶级斗争是历史发展的动力，国家是阶级斗争的产物。在这一理论框架下爱国主义不仅仅是表面的国家主义，而是深入到阶级性质的国家形态中。在社会主义初级阶段，无产阶级及其盟友是国家的主人，因此，无产阶级的爱国主义是对社会主义国家的支持和维护。马克思主义强调，真正的爱国主义是国际主义的一部分，民族解放是实现国际无产阶级团结的前提。因此，无产阶级的爱国主义不仅仅是维护本国利益，更应当在推动全人类解放的进程中发挥作用。

综上所述，爱国主义教育应当在社会主义核心价值观和马克思主义理论的指导下，不仅强化国民对国家的忠诚和奉献精神，还应教育公民理解爱国主义与国际主义的关系，以及在全球化时代中如何正确处理国家利益与国际责任的平衡。这种教育不仅深化了国民的国家认同感，也为建设一个开放、包容、有责任感的国家提供了坚实的思想基础。

二、爱国主义教育的核心内容

（一）价值观与行为规范

爱国主义教育的核心内容围绕着培养学生对国家的忠诚、积极维护国家利益以及参与国家建设等方面。这些内容不仅仅是抽象的情感表达，更具体体现在以下几个方面：

1. 对国家的忠诚

对国家的忠诚是爱国主义教育的核心，它要求学生在思想和行动上坚定不移地支持国家的法律和政策。这种忠诚基于对国家历史和文化的深刻尊重和理解，以及对国家发展方向的认同。在国家面临挑战或国际舞台上，这种忠诚体现为捍卫国家利益，维护国家尊严。教育过程中，可以通过历史教育、文化活动和模拟国家危机响应演练等方式,增强学生的国家观念和危机意识,培养他们在关键时刻能够站出来为国家发声和作出贡献。

2. 维护国家利益

维护国家利益是爱国主义教育的另一个重要方面,它要求学生理解国家利益的多维度性质,包括经济、政治、文化和安全等方面。在现代社会,国家利益的维护不仅仅局限于经济增长,还包括科技创新、文化传承、政治稳定和国际交往等方面。学生需要学会如何在个人和专业生涯中作出符合国家利益的决策,例如选择有助于国家发展的行业就业,或者在国际交流中积极展示国家形象和促进文化交流。通过案例分析、实地考察和专家讲座等教学方式,可以帮助学生更全面地理解和实践维护国家利益的行为。

3. 参与国家建设

参与国家建设是爱国主义教育中极为重要的实践活动。这不仅仅是通过职业选择来支持国家的需要,更包括通过各种公民活动直接参与到国家的社会和经济建设中去。学生可以参与志愿服务、社区服务等,直接贡献于环保、教育、公共卫生等国家重点发展领域。这样的参与不仅能够加深学生对专业知识的应用和理解,也能增强他们的社会责任感和实际操作能力。例如,组织学生参与城市绿化项目、支教活动或者社区健康宣传,都是让学生将爱国主义的精神具体化、实践化的有效途径。

(二)与时俱进的爱国主义

1. 适应全球化背景下的国家责任

在全球化的背景下,爱国主义需要跨越传统的国界,涉及国际舞台上的积极参与。现代的爱国主义教育不仅是培养学生关注国内事务,更重要的是引导他们理解和参与国际合作,积极解决全球性问题。例如,面对全球气候变化这一挑战,爱国主义教育应该鼓励学生了解气候科学,参与环保活动和国际气候谈判,展示中国在全球环境保护中的贡献和领导。在全球卫生方面,如新冠感染疫情之类的公共卫生危机中,学生应被鼓励支持国际卫生组织和跨国疫情防控,以实际行动体现对全人类福祉的关怀。

2. 培养具有国际视野的爱国者

现代的爱国主义教育应注重培养学生的国际视野,使他们能够理解和尊重不同国家和文化的多样性。这不仅有助于学生在国际舞台上更有效地传达中国的立场，还能促进跨文化的理解和尊重。教育体系可以通过设置国际关系、全球研究和外语课程，以及支持学生参与国际交流项目，来增强学生的全球意识和跨文化沟通能力。通过这些方式，学生能够在尊重全球多元文化的基础上，更好地表达中国的发展理念和文化价值。

3. 推动国际合作与和平共处

在全球化时代，维护国家利益与促进国际合作并非对立，而是相辅相成的。爱国主义教育应强调，中国作为国际社会的一员，不仅追求自身发展，也致力于全球的和平与繁荣。教育应该教导学生认识到，通过国际合作解决冲突、促进和平共处是现代爱国者的重要职责。学生应被鼓励支持和参与联合国和其他国际组织的活动，以及在国际场合上积极寻求与其他国家的共赢解决方案。

通过将传统的爱国主义教育与全球化要求相结合，可以有效地培养出既深爱自己国家又能为全人类的进步作出贡献的新时代公民。这种教育不仅增强了国家的软实力，也为全球的和平与发展作出了积极贡献。

第五节　中华优秀传统文化教育

在当代中国，思想政治教育不仅承载着培养合格公民的责任，更是传承和弘扬中华优秀传统文化的重要渠道。中华优秀传统文化是指那些在长期的历史发展中形成的、具有鲜明民族特色和深厚历史积淀的文化价值观、道德规范、生活方式和思想智慧。这些文化元素在新时代中国特色社会主义建设中具有不可替代的重要性，它们不仅是国家文化软实力的重要组成部分，也是现代社会道德建设的重要资源。

在新时代中国特色社会主义背景下，中华优秀传统文化的教育显得尤为重要。这些文化传统提供了一种独特的视角和思考方式，帮助现代中国人理解从哪里来、到哪里去的历史命题。它不仅能够增强国民的文化自信，还能够在全球化的大背景下展现中国的文化魅力和道德追求。

一、中华优秀传统文化的核心内容与价值

(一) 中华优秀传统文化的核心内容

在中国传统文化中，孝道、礼仪、诚信和和谐不仅构成了中华民族的道德基石，还深刻影响着每一个中国人的行为准则和社会交往。这些核心价值观的内涵和实践，在现代社会依然具有深远的意义和作用。

1. 孝道

孝道作为中国传统文化中的核心价值之一，其根本在于强调对父母和长辈的尊敬与关爱。在传统观念中，孝顺不仅是家庭美德的体现，更是社会和谐的基石。此外，孝道的实践也被推广到对国家的忠诚和对社会的责任感上，体现在尊老爱幼、敬老助老的社会行为中。这种价值观教导人们从小家做起，从一草一木做起，将家庭的和谐扩展到社会的和谐，最终达到国家的稳定。

2. 礼仪

礼仪在中国文化中占有极其重要的地位，涵盖了从日常生活的礼节到国家典礼的规范。它不仅仅是表面的礼貌行为，更是内心的尊重与谦逊，是维护人际关系和社会秩序的重要方式。通过实践正确的礼仪，个体能够在社会中建立起良好的人际关系，促进社会的和谐与稳定。此外，礼仪的教育还帮助人们学会如何在不同的社交场合中适当表达自己，如何恰当地处理人际冲突。

3. 诚信

诚信是人际交往和商业活动中最为重要的品质之一，它要求个体在言语和行为上保持一致，诚实守信。在中国传统文化中，诚信被视为做人的根本。这一价值观强调了诚实的重要性，无论是在个人关系、商业交易还是在国家治理中，诚信都是建立信任和维护社会秩序不可或缺的元素。诚信的教育可以提升社会的整体诚信水平，减少欺诈和不诚实的行为，构建更加稳定和谐的社会环境。

4. 和谐

和谐是中华文化的基本原则之一，主张天人合一，追求人与自然、人与社会、人

与人之间的和谐共处。这种思想不仅体现在传统哲学和宗教中,也是现代环境保护和社会管理的重要指导原则。通过倡导和谐,中国传统文化教育人们学会尊重自然、珍惜资源、平衡发展,促进社会各阶层和不同群体间的和谐相处,从而达到社会的整体稳定与持续发展。

这些传统价值观的教育和实践对于现代社会特别是对于年轻一代的教育至关重要,它们不仅帮助形成稳固的个人品德,还促进了社会整体的道德和谐与进步。通过在思想政治教育中融入这些传统文化教育,我们可以更好地培养出既尊重传统又能面向未来的现代公民。

(二) 中华优秀传统文化在现代教育中的文化价值

中华优秀传统文化的价值在于它们能够与现代社会的需求相结合,为当代中国及其年轻一代提供道德指导和精神支持。在全球化快速发展的今天,这些传统价值观在增强学生的国民身份和文化自信中发挥着重要作用:

1. 增强国民身份

通过学习和实践中华优秀传统文化,学生们能够更深入地理解自己的民族和国家,从而增强对国家的认同感和归属感。中华文化中的孝道和礼仪不仅教导学生尊老爱幼和尊重他人,还植根于对家庭和社会的责任感,这是构建社会和谐的基石。通过对这些传统价值观的学习,学生可以在全球化的背景下更加自信地表达自己的文化身份,理解中国的历史进程及其在全球舞台上的角色,从而培养出强烈的国家自豪感和民族责任感。

2. 文化自信

在一个文化多元的现代社会中,拥有坚实的文化根基是形成文化自信的关键。中华文化的深层价值观,如诚信和和谐,为学生提供了在复杂的国际环境中建立良好人际关系的道德指南。诚信让学生学会真诚与守信,为个人品质的提升和人际交往的信任基础打下坚实基石。和谐的原则教导学生寻求平衡和共存,这对于在多元文化的国际环境中寻找共同点和减少冲突尤为重要。这些价值观不仅有助于国内社会关系的构建,还能在国际交往中展示中国文化的智慧和魅力,增强中国人的文化自信。

3. 现代社会的应用

将传统文化价值与现代社会的需求结合是传统文化教育的重要方向。例如，和谐的原则可以应用于环境保护，鼓励学生参与或倡导可持续的生活方式和环保活动，以实现人与自然的和谐共处。在促进社会公正方面，传统的诚信和公正思想可以激励学生参与或支持社会公益项目和透明治理的实践，推动社会的公平与正义。此外，通过在国际交流中积极展现中华传统文化的包容性和独特性，学生可以促进跨文化理解和国际友好，展示中国在全球治理中的负责任态度。

通过这样的教育实践，不仅可以保护和传承中华优秀传统文化，还可以使这些文化价值在现代社会发挥出新的活力和效用，帮助学生在全球化的今天找到定位，发挥作用，为世界的和平与发展作出贡献。

二、中华优秀传统文化教育的理论基础

（一）哲学与道德教育基础

1. 儒家思想

儒家思想，以孔子为代表，主张"仁爱"和"礼义"，强调个人品德和社会责任。在当前教育中，儒家教育的核心价值观可以帮助学生形成正确的人际关系和社会行为规范，培养他们的领导能力和社会责任感。例如，通过研究孔子的"君子"概念，学生可以学习如何成为有道德、有责任、有修养的现代公民。

2. 道家思想

道家哲学，以老子和庄子为核心，主张自然无为和顺应自然规律。这一哲学思想在当前教育中的应用，可以帮助学生学习如何在压力和复杂环境中保持心态平和，以及如何通过简化生活和减少欲望来达到心灵的自由和解放。

3. 佛家思想

佛家哲学，主张慈悲为怀和内心的清净。在大学教育中融入佛家思想，可以促使学生发展深度的自我反省能力，学习如何控制和转化负面情绪，以及如何通过冥想等方式达到精神的净化和自我提升。

(二) 现代教育融合

1. 全人教育的融合

全人教育强调学生的全面发展,包括智力、情感、社会和身体各个方面。将中华优秀传统文化的教育理念与全人教育相结合,可以在培养学生学术能力的同时,强化他们的道德观念和文化认同。例如,通过传统文化中的故事、历史和哲学,学生不仅能学习到知识,还能培养情感和审美,提升社会交往能力。

2. 终身学习的融合

终身学习是现代教育的一个重要理念,强调学习是一个持续的过程。将传统文化教育与终身学习理念结合,意味着不仅在学校教育阶段传授传统文化,更通过社区教育、在线课程等方式,使传统文化的学习成为生活的一部分,鼓励学生在不同的生活阶段继续探索和实践这些价值观。

通过这样的理论基础和现代教育融合,中华优秀传统文化教育不仅能够在理论上得到深化,也能在实践中得到广泛的应用和推广,有效地提升大学生的文化素质和道德修养。

第六节 校史教育和仪式育人教育

在新时代的大学生思想政治教育中,校史教育和仪式育人教育扮演着至关重要的角色。这两种教育形式不仅有助于学生更好地了解和感受其所在学校的历史与文化传统,还能显著增强学生对校园文化的认同感。通过这种方式,学生可以在日常学习和生活中,更加自觉地维护学校的荣誉,积极参与到学校的各类活动中去,从而在实践中深化对学校精神和价值观的理解与接受。

一、校史教育的内容与目标

校史教育是大学思想政治教育的重要组成部分,它不仅帮助学生了解学校的过去,更激发他们对未来的憧憬和责任感。本节将详细介绍校史教育的核心内容及其教育目标。

（一）校史教育的核心内容

1. 学校历史的重要事件、重要人物及其对学校文化的影响

学校历史是一幅丰富多彩的画卷，包括许多重要的事件和杰出的人物。这些历史事件和人物不仅塑造了学校的面貌，也深刻影响了学校的文化发展。例如，校园内可能曾举办过重大的学术会议或学生运动，这些事件展示了学校在特定时期的活力和学术氛围。通过对这些事件的回顾，学生可以更深刻地理解学校的传统和精神。

重要人物，如校史中的创校者、杰出校友和历任校长等，他们的思想和行动对学校文化有着长远的影响。通过学习这些人物的生平和贡献，学生不仅能学习到具体的知识技能，更能从中吸取精神上的养分，激发自我发展的动力。

2. 校史中反映的教育理念、学术传统和社会责任

每所学校都有其独特的教育理念和学术传统，这些理念和传统是学校文化的核心。例如，有的学校强调创新和自由思考，有的学校重视严谨和传统学术，通过分析这些教育理念，学生可以更好地理解学校的教育目标和学术追求。

此外，学校的社会责任也是校史教育中的重要内容。学校如何在不同历史时期对社会作出贡献，如何通过教育培养学生的社会责任感，这些内容都能帮助学生认识到自己作为社会成员的角色和责任。

（二）校史教育的目标

1. 加深学生对学校历史和文化的了解和认同

通过校史教育，学生可以更全面地了解学校的发展历程和文化传统。这种了解能够帮助学生建立对学校的认同感，感受到自己是这所学府长河中的一部分，增强他们的归属感。

2. 通过校史增强学生的归属感和自豪感

学校的历史和文化是其魅力和价值的体现。通过深入学习这些内容，学生不仅能够增强对学校的归属感和自豪感，更能从中获取动力，激发他们为社会作出贡献的热情。学校希望建立一种正向的循环：了解历史，认同文化，增强自我，贡献社会。

通过上述内容的学习和讨论，学生能够更好地理解和珍视学校的历史与文化，同时为自己未来的社会生活奠定坚实的基础。

二、仪式育人教育

仪式育人是一种重要的教育方法，通过形式化的仪式活动来传递文化、价值观和社会规范，增强学生的集体归属感和社会责任感。在大学生的思想政治教育中，恰当的仪式育人策略不仅能够加深学生对核心价值观的理解，还能促进其积极的行为习惯和精神面貌的形成。

（一）仪式育人的主要形式

1. 学校传统仪式

在大学中，开学典礼、毕业典礼、学术讲座等都是常见的传统仪式。这些仪式不仅标志着学生学习生涯的重要时刻，也是校园文化传承的重要场合。例如，开学典礼通常包含校长的致辞、优秀学生的发言等环节，旨在激励学生树立良好的学习目标和职业理想。毕业典礼则是对学生多年学习成果的肯定，同时提醒他们即将承担的社会责任。

2. 仪式在传递校园文化和价值观中的作用

这些仪式在塑造和强化校园文化、传递学校核心价值观方面发挥着关键作用。它们通过正式的表达和庄重的氛围，使得价值观念能够深刻地印在每位学生的心中，增强学生的文化认同感和道德责任感。

（二）仪式育人的实施策略

1. 设计和实施具有教育意义的校园仪式

设计具有教育意义的校园仪式需要考虑仪式的形式和内容，确保它们能够有效地传递希望传达的核心价值观。这可以通过增加仪式中的互动环节、引入象征性的物品和行为、使用具有启发性的讲话等方式来实现。例如，可以在开学典礼中安排学长或校友分享其学习和职业经历，通过具体案例展示社会主义核心价值观在实际生活中的应用。

2. 仪式加强学生对社会主义核心价值观的理解和接受

仪式的设计应当围绕如何强化学生对社会主义核心价值观的理解和接受展开。可以通过仪式中的演讲、展示或者实践活动，使学生在参与过程中体验和认识到这些价值观的重要性。例如，毕业典礼上，引导学生回顾在校期间的学习和成长，强调诚信、责任、爱国等核心价值观对于未来职业生涯和个人发展的重要性。

通过这些策略，仪式育人不仅仅是形式上的庆典，而是成为一种强有力的教育手段，有效地在学生中培养和加强对社会主义核心价值观的认同和实践。这种教育方式对于培养责任感强、有道德追求的现代公民至关重要。

三、校史教育和仪式育人教育的相互关系

校史教育和仪式育人教育是大学生思想政治教育中两个重要的方面，它们通过不同的方式共同塑造学生的价值观和行为准则。本节将探讨这两种教育方式如何相辅相成，共同增强学生的思想政治意识，并通过案例分析具体展示其在实际中的应用和成效。

（一）教育内容的整合

1. 校史教育和仪式育人是相辅相成的

校史教育通过传授学校的历史和文化，帮助学生建立一种时间和空间上的连续性感知，而仪式育人教育则通过庄重的仪式活动强化这种感知，使学生在参与中深刻体验学校的传统和精神。例如，开学典礼、毕业典礼等重要仪式，都能够让学生在亲身经历中感受到校史的厚重和荣耀，从而更加尊重和珍惜这些传统。

2. 校史教育和仪式育人在思想政治教育中的协同效应

校史教育为学生提供了认知上的了解，而仪式育人则通过感性体验加深这种认知的影响，两者的结合能够有效增强学生的思想政治意识。在参与校史纪念活动或者重要学校节日的庆典时，学生不仅学习到校史知识，还能在仪式中实践社会主义核心价值观，加深对思想政治教育的感性认同。

（二）案例分析

案例一：校庆日的庆祝活动

在校庆日，学校通常会组织一系列活动来庆祝其建校纪念，如历史图片展、校史知识竞赛以及校友回归分享会等。这些活动不仅让在校学生了解学校的发展历程，也

通过老校友的亲身分享，强化学生对学校文化的认同感和自豪感。

案例二：新生入学誓言仪式

新生入学时，很多学校会举行誓言仪式，要求学生在校旗下进行誓言，承诺遵守学校规章制度，努力学习，积极向上。这样的仪式不仅使新生感受到自己成为这所学校一员的重要性，也通过校史的回顾教育新生珍惜学校的教育资源，激发他们成为优秀学子的决心。

通过上述整合教育内容和具体案例的分析，我们可以看到校史教育和仪式育人教育在实际操作中的相辅相成效应，它们共同在大学生的思想政治教育中发挥着不可替代的作用。这种教育模式不仅增强了学生的归属感和自豪感，更有效地培养了他们的社会责任感和历史使命感。

第六章　新时代大学生思想政治教育的基本方法

在面对新时代的多元化挑战和机遇时，大学生思想政治教育的方法必须创新和适应时代的发展。教育方法应注重实践与互动，将理论教育与实际情境相结合，如通过模拟联合国、辩论赛等形式，使学生在实践中学习和体验政治理论。其次，利用现代信息技术，如网络教学平台、社交媒体和多媒体工具，来增强教育的趣味性和互动性，使学生能够在更加贴近实际的环境中进行学习。通过这些基本方法的应用，新时代的大学生思想政治教育可以更加有效地培养学生的政治意识、社会责任感和历史使命感，为他们成为适应社会发展需求的高素质人才奠定坚实的基础。

第一节　理论渗透法

在大学生思想政治教育中，理论渗透法是一种核心的教学方法，其重要性体现在它能够无形中融入学生的日常学习和生活，通过不断的理论输入和实践体验，逐步塑造学生的思想认知和行为模式。理论渗透法不同于直接的讲授或灌输，它强调在自然的教学或社会活动中，巧妙地将思想政治教育内容与学生的实际情况相结合，使学生在不知不觉中接受理论的熏陶和影响。这种方法强调理论与实践的结合，以及知行合一的教育理念。

一、理论渗透法的教育目标和作用

（一）深化认识

为了树立正确的价值导向，我们必须系统地向学生介绍和解释社会主义核心价值观及其在现代社会的应用。这不仅涉及对理论的深入学习，还包括了解这些价值观如何在日常生活中得以体现。例如，通过课堂讨论、案例研究和角色扮演等教学方法，学生可以更实际地感受到诚信、公正、爱国等价值观在解决现实问题中的重要性。这样的教育方式有助于学生在面对道德和伦理挑战时，能够作出符合社会主义核心价值观的选择，从而在心中树立正确的价值导向。

（二）提高分析能力

理论知识和现实生活的结合是思想政治教育的一个重要方面。通过将理论与日常生活事件相结合，教师可以引导学生分析当前的社会问题，如环境保护、社会公正、经济发展等。通过这种分析，学生不仅能够更好地理解复杂的社会现象，还能提升解决实际问题的能力。例如，在课堂上，可以用最新的社会新闻作为案例，让学生讨论并提出解决方案，这种教学活动能够锻炼学生的批判性思维和创新能力，使他们能够更加自信地面对未来的挑战。

（三）提升自我认知

在不断的理论学习和实践活动中，学生有机会进行深入的自我反思。这一过程不仅帮助他们理解自己的长处和短处，也使他们能够明确个人发展的方向和目标。例如，通过参与社会服务活动或学校组织的领导力培训，学生可以在实践中发现自己的兴趣和潜力，从而形成更加清晰的职业规划和人生目标。此外，这种自我认知的提升还会促使学生形成一种积极向上的人生态度，对未来充满希望和动力，这对于他们的整体发展极为重要。

二、理论渗透法的基本原理与方法

理论渗透法是思想政治教育中的一种重要方法，其目标在于通过日常的教育活动，潜移默化地影响和塑造学生的思想和行为。本部分将详细介绍理论渗透法的基本原理及其在不同教育环境下的具体应用方法。

（一）基本原理

1. 理论渗透法的教育哲学

理论渗透法的教育哲学基础深植于马克思主义的教育理念之中，该理念认为教育的核心功能不仅仅是传授知识,而是在于形塑学生的世界观、价值观和方法论。马克思主义强调,通过教育实施意识形态的传承和文化的再生产,教育承担着社会的基础构建任务。此外,这种教育理念还特别注重批判思维的培养,旨在使学生能够主动地识别并质疑既有的社会结构与不平等现象,进而推动社会的进步与改革。理论渗透法在这一框架下,不单纯追求知识的灌输,而是力求通过教育活动中的每一个细节,潜移默化地引导学生形成正确的价值观念和行动指南,使其自然而然地接受和实践社会主义核心价值观。

2. 理论渗透法的作用原理

理论渗透法的应用广泛而深入,它通过教师的日常教育实践,无形中影响和塑造学生的思想及行为。教师在授课过程中,无须直接宣讲政治理论,而是通过与专业课程内容的巧妙结合,引入社会主义核心价值观的相关元素。例如,在教授经济学时,可以引入公平与效率的讨论,让学生思考如何在保证经济增长的同时,实现财富的公平分配。在文学课程中,教师可以引导学生分析文学作品中的社会责任和道德担当,以此来深化学生对诚信和正义的理解。

此外,教师还可以利用校园文化活动、社会实践和志愿服务等非课堂教育形式,将理论知识与实际行动结合起来。通过参与到真实的社会问题解决中,学生不仅能将理论知识转化为实践能力,更能在实践中体验和强化社会主义核心价值观,从而达到理论与行动的统一。例如,通过组织学生参与环保项目,不仅能加深他们对环境保护重要性的理解,还能培养他们的集体主义和社会责任感。

通过这样的方法,理论渗透法不仅增强了教育的深度和广度,也使得学生在不知不觉中接受了深刻的价值观教育,为形成全面发展的社会人才奠定了坚实的基础。

(二)理论渗透法的方法应用

1. 课堂教学

在课堂教学中,理论渗透法可以通过精心设计的教学计划实施,该计划结合了核心价值观的教育目标。例如,教师可以利用案例分析和小组讨论等互动教学方式,让学生在探讨社会、经济或政治问题的同时,自然地吸收和应用理论知识。此外,课堂上的讲座和互动式演示可以直观地展示理论在现实中的应用,如通过模拟政治决策过程，使学生能够更深刻地理解和体验理论的实际意义。

2. 实践活动

在实践活动中，理论渗透法的实施尤为关键。通过组织学生参与社会实践和志愿服务活动，教师可以引导学生将课堂上学到的理论知识应用到实际情境中，从而加深对这些理论的理解和认同。例如，参与社区服务项目可以让学生亲身体验和实践社会主义核心价值观中的"奉献"和"友爱"，通过实际行动体验理论的生活价值。

3. 社交媒体平台

在社交媒体平台上，理论渗透法可以通过发布与社会主义核心价值观相关的教育内容来实施。利用微博、微信等平台，教育者可以定期分享富有启发性的文章、视频或图像，这些内容可以是关于国家政策的解读、历史事件的评论或者道德话题的讨论。这种方式不仅拓宽了理论教育的范围，也使理论与学生的日常生活紧密相连，提高了理论的实际影响力。

（三）理论知识融入学生的日常学习和生活

将理论知识融入学生的日常学习和生活的关键在于使理论内容贴近学生的实际生活和兴趣。教育者可以通过设计相关的教学场景和情境，使理论学习与学生的日常生活密切相关。例如，可以在课程中引入分析当前流行文化现象的环节，让学生从社会主义核心价值观的角度进行批判和讨论，如探讨公平正义在现代社会的应用。

此外，通过校园文化活动的举办，如主题文化周、电影之夜、文化展览等，也能将理论知识渗透到学生的社交和娱乐活动中。这些活动不仅能够提供学习和讨论理论的平台，还能增强学生对理论知识的兴趣和接受度，从而在无形中加强理论的教育效果。

三、理论渗透法的实施策略

理论渗透法是一种有效的教学策略，通过有意识地将思想政治教育内容融入专业课程中，以提高学生对理论知识的理解和应用能力。这种方法强调不仅在政治理论课上，而且在各个学科的教学过程中都要渗透社会主义核心价值观和相关理论。

（一）课程内容的设计

在课程设计中嵌入理论渗透元素需要创新和策略性思维。通过案例分析、项目学习等方式，教师可以将抽象的理论与学生的专业学习和实际经验结合起来。例如，在商科课程中，可以引入企业的社会责任和道德经营的案例，让学生分析并讨论这些企业如何实践社会主义核心价值观。在工程课程中，教师可以通过项目学习的方式，引导学生设计符合环保和可持续发展原则的工程项目。

（二）教师角色与培训

1. 教师的关键角色

在理论渗透法的实施中，教师的角色极其关键。他们不仅是知识的传授者，更是价值观的引导者和榜样。因此，教师需要具备深厚的理论知识，同时能够在课堂上有效地将这些理论与学科知识结合起来，使学生能够在各种学科背景下理解和接受这些理论。

2. 必要的教师培训和发展

为了使教师能够有效地实施理论渗透法，高校需要为教师提供专门的培训。这种培训应包括最新的教育理念、教学方法的更新以及如何将政治理论与专业教学内容相结合的实际操作技巧。此外，教师培训还应该包括提高教师自身的政治理论水平，确保他们在传授知识的同时，能够准确无误地解释和弘扬社会主义核心价值观。

3. 教师作为理论的实践者和传播者

教师在理论渗透中不仅要作为知识的传播者，还要成为理论的实践者。这意味着教师需要在自己的教学和日常行为中展示这些价值观，通过自己的榜样作用来影响学生。教师的这种示范作用是提高教学感染力的关键，能够使学生更加深刻地理解和接受教育内容。

通过上述策略的实施，理论渗透法可以在大学生的思想政治教育中发挥重要作用，不仅提高学生的理论知识水平，还能增强他们的价值观认同和社会责任感。

第二节　思想引领法

在大学生思想政治教育中，思想引领法占据了核心地位，主要因为它直接关系着学生思想观念的形成和价值取向的确立。此方法通过有针对性的理论传授和实际问题讨论，引导学生主动思考，从而深化对社会主义核心价值观的理解与认同。在全球化和信息化迅速发展的今天，学生面临着多元价值观的冲击，思想引领法成为帮助他们筛选信息、明辨是非、坚定理想信念的关键工具，确保他们能够以正确的世界观、人生观和价值观来指导自己的行为。

思想引领法是一种系统的教育实践方法，它侧重于通过教育活动对学生进行思想上的引导和启发。这种方法不仅包括传统的课堂教学，还包括研讨会、主题讲座、实践活动等多种形式，目的是使学生能够在多方面接触和理解社会主义理论。思想引领法的核心在于帮助学生构建科学的世界观，培养正确的价值观，并激发其对生活和未来的积极态度。通过这种教育方法，学生能够在认识自我和社会的过程中，逐渐形成符合社会主义建设需要的高尚品质和实践能力。

一、思想引领法的理论基础

思想引领法是一种重要的教育手段，旨在通过哲学和心理学的理论支撑，系统地影响和引导大学生的思想和行为。该方法强调通过教育干预，达到增强学生的道德意识、社会责任感等教育目标。

（一）思想引领法的哲学与心理学支撑

1. 马克思主义哲学的应用

马克思主义哲学提供了思想引领法的哲学基础，尤其是在意识形态和文化传统的理论方面。马克思主义认为，意识形态不仅仅是一套思想或信仰体系，更是社会存在的一种表达。它揭示了物质生活条件如何塑造人们的思想和文化。在思想引领中，这一理论帮助教育者理解和分析当前的文化和思想趋势，以及如何通过教育介入来引导学生形成符合社会主义核心价值观的意识形态。

2. 心理学在信念系统中的作用

心理学在思想引领法中的应用主要体现在信念系统的形成和改变上。认知一致性理论表明，人们倾向于持有一致的信念和态度，当遇到信息或信念冲突时，他们会感到不适，并寻求恢复一致性。利用这一理论，教育者可以设计策略，帮助学生识别和解决其思想中的矛盾，从而引导他们逐渐接受新的价值观和信念。此外，态度改变理论，如 Elaboration Likelihood Model（ELM），揭示了人们在不同的思考层次下如何改变其态度，这为教育者提供了改变学生态度和信念的策略。

（二）思想引领法的教育目标

思想引领法在思想政治教育中的目标是多方面的，包括增强学生的道德意识、增强社会责任感，树立正确的世界观、人生观和价值观。这些目标旨在培养学生成为有能力、有责任感的社会主义建设者和接班人。教育目标的设定基于对国家和社会的需求分析，确保教育内容和活动能够有效地促进学生的全面发展，使他们能够在未来的学习和工作中，积极地贡献于社会和国家的发展。

通过系统的哲学和心理学支撑，思想引领法不仅能够深化学生对理论知识的理解，更能实际影响他们的行为和决策过程。这种教育方法强调理论与实践的结合，通过具体的教育活动和策略，有效地培养学生的核心社会价值观和积极的生活态度。

二、思想引领法的实施策略

思想引领法是一种重要的思想政治教育方法，旨在通过系统的课程和活动设计，引导大学生形成正确的世界观、人生观和价值观。本部分将详细阐述如何将思想引领法整合到课程设计中，并通过多媒体和新技术提升教学效果，同时结合案例教学和实践活动来加强理论与实践的结合。

（一）课程与教学方法

1. 思想引领法整合到课程设计中

思想引领法在课程设计中的应用要求教师在课程内容的选择和教学方式的安排上都应体现出引导学生形成正确思想的目标。在讲授课程中，教师可以选择涉及社会主义核心价值观、历史使命感、公民责任等主题的材料，通过详细讲解和分析，帮助学生深入理解这些理论的当代意义。研讨会形式的课程则更加注重学生的主动参与和思考，教师可以引导学生就某一主题进行深入讨论，激发学生的批判性思维。在线学习平台则提供了更为灵活的学习方式，通过视频讲座、互动问答等形式，使学生能够在不受时间地点限制的情况下学习和探讨相关主题。

2. 多媒体和新技术在思想引领法中的应用

多媒体和新技术的应用极大地丰富了思想引领法的教学手段。视频教学可以通过生动的影像资料使理论知识变得直观易懂，同时增强学习的趣味性。模拟活动，如模拟联合国、模拟法庭等，让学生通过角色扮演深入体验不同的社会角色和责任，从而更好地理解和接受相关的思想理念。社交媒体的互动则可以突破课堂的界限，通过微博、微信、在线论坛等平台，教师和学生可以就某一主题进行更广泛的交流和讨论，增强学习的互动性和实时性。

（二）案例教学与实践活动

1. 使用历史和当代的案例来强化理论教学

案例教学是思想引领法中的一个重要环节，它通过具体的历史或当代事件来展示理论的实际应用。例如，可以使用改革开放的历史案例来讨论改革的必要性和挑战，或者分析国内外的社会运动，探讨公民参与和社会责任的重要性。这种案例教学不仅可以帮助学生更好地理解抽象的理论，还可以激发学生的兴趣和参与感。

2. 组织实践活动

实践活动是理论知识转化为实际行动的关键环节。通过组织学生参与社区服务、环保项目、文化交流活动等，学生不仅可以将课堂上学到的理论知识应用到实际中，还能在实践中体验团队合作、社会参与的价值。这样的活动不仅提升了学生的社会实践能力，也让他们在实际操作中深刻理解和吸收了课堂上学习的核心思想和价值观。

通过上述策略的实施，思想引领法能够有效地引导学生形成健全的人格，促进其全面发展，为培养具有社会责任感和历史使命感的高素质人才奠定坚实基础。

第三节　朋辈示范法

在大学生的思想政治教育中，朋辈示范法扮演着至关重要的角色。这种教育方法利用学生之间的自然社交网络，通过同龄人之间的相互影响来促进积极的行为和态度的形成。

朋辈示范法基于社会学习理论，该理论认为个体在社交互动中通过观察和模仿他人的行为来学习新的行为模式。在大学环境中，学生往往受到同龄人的强烈影响，朋辈的言行和态度可以显著地影响个体的行为选择和价值观形成。因此，朋辈示范法通过提升正面榜样的可见性和影响力，使得正向行为和积极态度在学生群体中得以广泛传播。

通过朋辈示范法，可以有效地形成和调整大学生的行为和态度。例如，当学生看到其朋辈积极参与社会服务活动、展示出责任感和领导力时，他们更有可能模仿这些行为并内化为自己的行为准则。此外，朋辈示范法也有助于形成一种正面的竞争和合作环境，使学生在追求学术和道德卓越的过程中互相激励。

一、朋辈示范法的理论基础

朋辈示范法是一种利用学生之间的自然社交网络和影响力来传递价值观和行为标准的教育方法。这种方法依托于心理学和社会学的理论，特别是社会学习理论和朋辈影响力的概念，以达到思想政治教育的目标。

（一）心理学与社会学支撑

1. 社会学习理论

社会学习理论，特别是 Albert Bandura 提出的观察学习理论，强调人们通过观察他人的行为及其后果来学习新的行为模式。在教育环境中，朋辈示范法尤为有效，学生可以通过观察其同龄人的积极行为和所获得的正向反馈，例如成就感、认同感或奖励，从而学会模仿这些行为。这种学习过程不需要个人亲自经历特定行为的结果，而是通过观察同龄人的经验来内化相关的行为和价值观。例如，当学生看到同学因为诚实而受到表扬时，他们更可能在未来的行为选择中考虑诚实的重要性。

2. 朋辈影响力

朋辈影响力在青少年的社会化过程中扮演着至关重要的角色。心理学研究显示，朋辈关系中的影响力包括正面和负面的朋辈压力，这些都极大地影响着青少年和年轻成年人的行为决策。正面的朋辈压力可以激励个体追求高标准的学术成就、积极参与社区服务等良好行为的发展；而负面的朋辈压力则可能引导他们从事风险行为或其他不良行为。通过建立一个积极的学习环境，强化正面的朋辈示范，并在必要时介入调整负面影响，教育者可以有效地引导学生形成和坚持正确的价值观和行为标准。学校和家庭应共同努力，识别出那些具有强大正向影响力的学生领袖，通过他们来推广健康的行为习惯和价值观。

（二）教育目标和方法

1. 教育目标

朋辈示范法在思想政治教育中的具体目标包括培养正确的价值观、增强社会责任感、促进良好的行为习惯等。通过设立这些教育目标，朋辈示范法旨在通过学生之间的正向互动和榜样效应，促使整个学生群体朝向更积极的行为和思想发展。

2. 教育方法

实施朋辈示范法的方法包括选择具有影响力和积极表现的学生作为模范，通过组织各种形式的活动让这些学生展示其积极的行为和态度。例如，可以通过学生会、志愿者活动、讨论小组等平台，让这些模范学生带头实践社会主义核心价值观，如诚信、友爱、责任感等。此外，还可以通过案例研讨、角色扮演等互动形式，让其他学生观察并学习这些正向行为，从而达到思想政治教育的目的。

二、朋辈示范法的实施策略

（一）朋辈领导者的选择与培训

1. 选择朋辈领导者

选择朋辈领导者是实施朋辈示范法的关键步骤，它对于推动正面社会学习和塑造学校文化具有重要影响。理想的朋辈领导者应是那些在同龄人中具有较强影响力、展示出正面行为模式和良好公众形象的学生。这些学生往往具备天赋的领导才能，能够自然而然地吸引同伴的关注和尊重。

在社会活动参与度上，优秀的朋辈领导者通常是那些积极参与学校及社区活动的学生，他们的行为能够激励其他学生积极参与，从而共同提升社群的活力和凝聚力。学术和道德方面，这些领导者应该展现出卓越或至少是稳定的成绩，并且在道德判断和行为上能够作为模范。

在选择朋辈领导者的过程中，不仅可以考虑候选人的过往表现和师生的推荐意见，还应包括一系列评估方法，如面试或小组讨论，以评价其潜在的领导能力和对校园社区的责任感。此外，可以通过模拟情境评估候选人在具体问题解决中的实际表现，如他们处理冲突的方式、推动团队合作的能力以及在压力下作决策的稳定性等。

通过综合这些因素，教育机构可以确保选择出能够积极影响同龄人，并在校园中推广正面价值观和行为的朋辈领导者。这样的领导者不仅能够影响其他学生的行为模式，还能够在校园文化中发挥核心作用，促进一个更为健康和积极的学习环境。

2. 朋辈领导者的培训

对朋辈领导者的培训是一个全面而系统的过程，旨在培养他们的领导能力、沟通技巧和道德判断，确保他们能有效地引导其他学生。培训的核心内容应涵盖一系列关键技能，这不仅包括基础的团队组织和管理技巧，还应包括公开演讲、有效沟通以及冲突解决策略。

首先，领导技巧的培训应侧重于教授朋辈领导者如何建立和维护团队合作精神，如何激发团队成员的潜能并协调各自的力量以达成共同的目标。此外，公开发言的培训将帮助他们提高在人群前表达和演讲的能力，使他们能够更自信地传达信息和启发听众。

解决冲突的技巧也是培训的重要部分，朋辈领导者需要学会如何识别潜在的矛盾，采取预防措施，并在冲突发生时能够公正地调解，保持团队的和谐与稳定。此外，作为校园的模范，他们还应学习如何在日常生活中遵守并推广社会主义核心价值观，这包括诚信、公正和爱国等基本道德标准。

为了增强这些技能的实际应用，培训中应融入大量的情景模拟和角色扮演环节。通过这些实践活动，朋辈领导者可以在模拟的真实环境中尝试和练习处理各种复杂情境，如怎样在面对道德困境时作出正确的判断，或在遇到团队内部不和时如何有效地调解和恢复团队协作。这些活动不仅有助于提升他们的直观反应能力，还能够强化他们在实际环境中应用所学知识和技能的能力。

总体而言，这种综合性的培训将使朋辈领导者在校园中成为更有效的引导者和榜样，使他们具备引领其他学生向着更高道德和行为标准迈进的能力。

(二) 朋辈互动活动的设计

1. 设计朋辈互动活动

设计有效的朋辈互动活动是提高朋辈示范法效果的另一个关键因素。这些活动应该围绕提高学生的社会责任感、政治意识和社区参与度来构建。例如，朋辈领导者可以主导组织讨论会、研讨班以及针对当前社会问题的辩论，使学生能够在一个开放和互动的环境中学习和表达自己的观点。

2. 实施朋辈领导活动

朋辈领导者主导的活动应当延伸到校园内外，利用朋辈的影响力来促进积极的社会行为和政治参与。这可以通过组织社会服务项目如环境清洁、支教活动、或社区服务来实现。在校园内，可以通过定期的主题活动或工作坊来提升学生对公民责任和社会参与的认识。这些活动不仅丰富学生的实践经验，也有助于培养他们的团队协作和公共参与能力。

通过系统的朋辈领导者培训和精心设计的互动活动，朋辈示范法能够在大学生思想政治教育中发挥重要作用，不仅提高学生的个人能力，也加深了他们对社会主义核心价值观的理解和实践。

第四节 心理疏导法

心理疏导法在大学生的思想政治教育中占据了核心地位，主要是因为它直接关系到学生的心理健康和情感管理。大学生在求学过程中往往面临多重压力，包括学业、人际关系、职业规划等，这些压力如果处理不当，可能导致焦虑、抑郁等心理问题。心理疏导法通过提供专业的心理支持和干预，帮助学生应对这些挑战，维护其心理健康，从而为接受和理解更深层次的思想政治教育打下坚实的基础。

心理疏导法涵盖了一系列旨在帮助个体认识自我、处理情绪、解决人际关系问题的技术和策略。这种方法不仅帮助学生应对日常生活的压力，而且通过提升自我认知和情绪管理能力，引导学生形成积极的人生态度和健康的价值观。通过心理疏导，学生可以更深刻地理解自己的生活目标和价值取向，进一步建立一个全面的、积极向上的世界观和人生观。

一、心理疏导法的理论基础

心理疏导法在大学生思想政治教育中扮演着至关重要的角色，它通过运用多种心理学理论和方法来帮助学生处理个人和社会问题，从而促进他们的心理健康和整体发展。

（一）心理学支持

1. 认知行为疗法的应用

认知行为疗法（CBT）是一种广泛应用于心理健康领域的有效治疗方法，特别适用于处理大学生常见的心理问题。这种方法通过帮助个体识别和改变那些不合逻辑或负面的思维模式和行为，从而提高他们的情绪管理能力和应对压力的效率。

在大学生中，CBT的应用主要集中在教育他们如何认识并调整对社会或学术压力的反应。许多学生可能会因为不合理的信念而对压力作出过度的心理和情绪反应，例如，他们可能错误地认为一次考试的失败会决定自己的未来，或者认为必须在所有情况下都得到他人的认可。CBT通过诸如重新框架思维（cognitive restructuring）和系统脱敏（systematic desensitization）等技术，帮助学生挑战这些不合理的信念，并重新评估情境。

重新框架思维是CBT中一个核心的技术，它鼓励学生重新思考和解释压力情境，如将考试视为检验学习效果的机会，而不是对个人价值的威胁。系统脱敏则涉及逐步暴露学生于他们害怕的情境，从而减少他们的焦虑反应。例如，如果一个学生害怕公开演讲，治疗师可能会先从他在一个小而熟悉的群体中进行简短的演讲开始，逐渐增加演讲的长度和听众的数量。

此外，CBT 还强调培养学生的问题解决技能和增强自我效能感，使他们能够更自信地面对挑战。通过定期的练习和反馈，学生可以学习到如何在日常生活中应用这些技能，从而持续改善他们对压力的处理方式。这种心理学支持的终极目标是帮助大学生建立一个更健康的心理状态，使他们能够更积极地参与学习和社会活动，享受大学生活。

2. 情感聚焦疗法的应用

情感聚焦疗法（EFT）是一种以情感为核心的心理治疗方法，它特别注重对个体情绪的探索和改变。此方法的核心理念是通过了解和转化负面情感，来促进心理健康和情绪调整。在大学环境中，EFT 的应用对于帮助学生理解和管理他们的情感反应尤其重要，因为学生们常常面临来自学术、社交和个人发展的多重压力。

通过 EFT，学生被引导去更深入地探索自己的情感体验，识别那些可能未被充分表达或被压抑的情绪。例如，对于经常感到焦虑或压力过大的学生，情感聚焦疗法帮助他们认识到这些情绪背后可能隐藏的是对失败的恐惧或对不确定未来的担忧。治疗师通过与学生的互动，帮助他们构建新的情感处理方式，学会更健康地表达和调整情绪。

EFT 的实施通常包括几个阶段，从建立治疗关系的安全感开始，到引导学生探索他们的情感模式，再到帮助他们接受和转化这些情感。在面对困难和冲突时，通过 EFT 训练的学生能够更加自如地表达自己的需求和情感，避免情绪的负面爆发。这种方法特别强调情感的真实表达和积极转化，促使学生在处理人际关系和内在冲突时更加成熟和自信。

此外，情感聚焦疗法还可以帮助学生建立更强的自我同理心，理解自己的情感如何影响到他人，以及如何通过调整自身情绪来改善这些关系。通过在大学期间学习并应用 EFT，学生不仅能在学术上获得成功，更能在个人和社交层面上实现自我成长和发展。这种以情感为中心的治疗方法为学生提供了一种深刻理解和有效管理个人情绪的工具，是支持他们整体福祉的重要手段。

3. 心理弹性理论和压力应对理论

心理弹性理论探讨了个体在面对逆境时，如何保持积极和适应性行为的能力。这一理论对于理解和增强大学生在面对挑战时的心理适应性至关重要。在大学生活中，学生常常面对学业挑战、人际关系困扰以及未来职业规划的不确定性等多种压力。通过培养心理弹性，我们可以帮助他们在这些逆境中保持积极的态度和行为，从而更好地适应环境，达到心理上的恢复和成长。

实施心理弹性的培养包括教育学生认识和利用自己的内在资源，如个人的优势和已有的应对策略，也包括外在资源，如寻求师长、朋友和家人的支持。此外，训练中也应包括教授学生如何正视问题，积极寻找解决问题的方法，以及如何从经历中学习和成长。

压力应对理论提供了一个框架，帮助分析个体在面对压力时如何识别压力源，并选择有效的应对策略。这一理论指出，适当的应对策略可以显著减少压力的负面影响。在教育和训练中，我们可以教授学生多种应对压力的技巧，如时间管理技巧可以帮助学生更有效地安排学习和休息，减少因时间压力造成的焦虑；社交支持的寻求教会学生在遇到困难时如何向他人寻求帮助，从而获得情感和实际上的支持；放松技巧如深呼吸、正念冥想等则可以帮助学生在紧张和焦虑的情况下恢复平静。

通过结合心理弹性理论和压力应对理论，我们不仅能帮助学生识别和减少压力源，还能教会他们如何在面对挑战和压力时保持积极和适应性的行为。这种双管齐下的方法将为学生的心理健康和整体福祉提供坚实的支持，使他们更有能力应对大学生活中的各种挑战。

（二）教育目标与方法

1. 教育目标

心理疏导法在思想政治教育中的目标包括促进学生的心理健康，提高他们应对社会和学习压力的能力，以及培养健康的人际关系和社会责任感。这些目标旨在帮助学生形成一个全面发展的人格，为他们未来的学术和职业生涯奠定坚实的心理基础。

2. 教育方法

实施心理疏导法的方法包括但不限于开展心理健康教育课程，提供一对一的心理咨询服务，以及组织心理健康工作坊和讲座。此外，可以通过校园媒体和在线平台普及心理健康知识，鼓励学生参与到心理健康促进活动中来，如心理健康俱乐部或自助小组，以此来建立一个支持和理解的社区环境。

通过这些策略和方法，心理疏导法能够在大学生的思想政治教育中起关键作用，不仅提升学生的心理健康水平，还有助于他们形成积极的生活态度和社会行为。

二、心理疏导法的实施策略

（一）心理疏导技术的应用

1. 个体和集体咨询

心理疏导技术的一个重要方面是个体和集体咨询的运用。个体咨询提供了一个私密且安全的环境，学生可以在其中开放地表达他们的忧虑、恐惧和问题。在这一对一的设置中，心理顾问通过倾听和反馈，提供专业的指导和支持，帮助学生探索他们的情感深层，识别问题根源，并学习应对策略。这种形式的咨询特别适合处理那些需要深度个人关注的复杂问题，如严重的焦虑、抑郁或其他个人情感困扰。

集体咨询或工作坊则提供了一个不同的平台，它着重于建立一个支持性的群体环境。在这种设置中，学生不仅可以分享自己的经历和感受，还可以听到其他人的故事。通过小组讨论、角色扮演和集体活动，参与者在互相理解和支持的氛围中学习如何处理个人问题。这种集体互动有助于学生发现他人也可能面临相似的挑战，从而减少孤独感和疏离感。此外，集体咨询强调共同成长和学习，通过观察和交流，学生能够从他人的处理方式中获得新的见解和应对策略。

个体和集体咨询各有其优势和特点，能够满足不同学生的心理健康需求。个体咨询提供深入的个人关注和定制化的解决方案，而集体咨询则促进社交技能的发展和情感共鸣的建立。结合这两种咨询方式，心理服务部门可以更全面地支持大学生的心理健康和情感发展，帮助他们在学习和生活中实现更好的适应与成长。

2. 情绪管理训练和冲突解决策略

情绪管理训练是一项至关重要的技能培训，它帮助学生学习如何识别、理解并合理地表达自己的情绪。这种训练通常涉及多种技巧，包括呼吸练习、正念冥想以及其他情绪调节技巧。通过呼吸练习，学生可以学会如何通过调节呼吸来控制情绪反应，这种技巧在紧张或压力大的情况下尤其有效。正念冥想则教导学生如何保持当下意识，减少对过去或未来的焦虑，从而更好地处理当前的情绪。其他情绪调节技巧则可能包括认知重构，帮助学生改变那些导致情绪波动的负面思维模式。

此外，冲突解决策略的教学为学生提供了在人际冲突中有效沟通和解决问题的方法。通过学习这些策略，学生能够更加自信和有技巧地处理与同学、朋友、家人甚至是未来职场中的冲突。这些策略包括但不限于积极倾听、非暴力沟通、问题导向的对话等。积极倾听让学生学会如何全心全意地聆听对方的表达，非暴力沟通则教导他们如何在不伤害对方情感的情况下表达自己的需求和感受，问题导向的对话帮助双方专注于问题本身，避免无关的个人攻击。

综合情绪管理训练与冲突解决策略，不仅可以帮助学生在学业和生活中保持情绪的稳定和健康，还能够促进其建立和维护更健康和谐的人际关系。这些技能的培养对于学生未来的个人发展和职业成功都是极为重要的，使他们能够在多变的环境中保持适应性和韧性。

（二）心理健康教育的融入

1. 日常教育活动中的心理健康教育

心理健康教育应该被视为思想政治教育的一个重要组成部分，并在日常教育活动中得到系统融入。实现这一目标可以通过多种形式，如举办主题讲座、创建心理健康意识月、开展心理健康宣传周等方式。这些活动不仅能提高学生对心理健康问题的认识，还能够有效地传授他们预防和应对这些问题的方法。

例如，通过主题讲座，学校可以邀请心理健康专家来讲解心理健康的基本知识、常见的心理障碍以及有效的应对策略，使学生能够更好地理解和关注自己及他人的心理状态。心理健康意识则可以通过一系列的活动，如工作坊、互动讲座和展览等，深入探讨特定的心理健康主题，比如抗压策略、情绪管理和人际关系处理。

此外，心理健康宣传周可以利用校园的公告板、社交媒体和校园广播等，广泛传播心理健康信息，组织一些轻松的互动活动如情绪释放站或快乐分享会，让学生在放松的氛围中学习和讨论心理健康相关的话题。这些活动不仅提高学生对心理健康重要性的认识，还能帮助他们建立起支持网络，了解求助途径。

通过提升抗压能力和发展健康的生活习惯等具体措施，心理健康教育在学校中的推广能够帮助学生在面对学习和生活压力时保持心理上的平衡和健康。这种教育的终极目的是培养出能够自我管理、在社会中健康生活的个体。这样的教育不仅有助于学生的个人成长,也对提升整个社会的心理健康水平具有积极影响。

2. 心理疏导法与传统思想政治教育的结合

将心理疏导法与传统思想政治教育相结合,可以创造一个全面的教育环境,使学生在理解和接受社会主义核心价值观的同时,也能够获得必要的心理支持。这种结合方式有助于学生全面发展,不仅在思想政治方面得到加强,在心理和情感层面也得到支持。

例如,思想政治课程可以包含关于情绪智力、自我认识和社会技能的模块。情绪智力的培养可以帮助学生更好地理解和管理自己的情绪,从而在社会互动中表现得更为成熟和理性。自我认识的教学则让学生能够深入探索自己的价值观、信念和个性,这对于培养自尊和自信至关重要。社会技能的培训,如有效沟通、冲突解决和团队合作,不仅有助于学生在学术和职业生涯中取得成功,也是成为社会的有用成员的基础。

通过这种教育模式的结合,学生不仅能够学习到如何成为一个负责任的公民,还能获得支持自己心理和情感发展的工具和知识。这样的课程设计鼓励学生将社会主义核心价值观内化为个人行为的指南,也提供了自我调整和成长的机会,使他们能够更好地应对生活中的各种心理和情感挑战。

最终,这种教育的目标是培养出全面发展的个体——不仅仅是在知识和技能上,更在心理和情感层面上能够自我管理和自我提升。这种全面的发展是当代教育所追求的关键目标,也是培养未来社会主义建设者和接班人的基本要求。通过思想政治教育与心理疏导的有效结合,我们能够为学生提供一个更加健康、均衡和有益的学习环境。

通过上述策略的实施,心理疏导法不仅提升了学生的个人适应能力,还为他们提供了一个健康发展的心理和情感环境,这对于培养全面发展的社会主义建设者是至关重要的。

第七章 新时代大学生思想政治教育的实践路径

在新时代背景下,大学生思想政治教育的实践路径需要创新和适应,以满足时代发展的新要求。通过组织学生参与社会实践活动,如志愿服务、社区支教和实地调研等,使学生能在实际中深化对理论知识的理解和应用。通过举办主题教育活动、建立思想政治教育基地、开展红色教育旅行等,营造浓厚的校园文化氛围,增强学生的民族自豪感和社会责任感。同时,应鼓励学生在学术、科研、文化等领域自主创新,培养他们的批判性思维和独立人格。

第一节 价值引领:班级活动与思想政治教育相融合

班级活动作为大学生活的一个重要组成部分,承载着教育和塑造学生的重要职责。这些活动不仅丰富了学生的校园生活,也提供了实施思想政治教育的有效平台。通过组织多样化的活动,如志愿服务、讨论会、文艺晚会等,学生不仅能学习到团队合作和社会交往的技能,还能在实践中增进对国家政策和社会现象的理解。这种参与式的学习模式能够有效增强学生的政治敏锐性和社会责任感,是培养全面发展的社会人才的重要途径。

价值引领是思想政治教育的核心环节,指通过教育活动影响和塑造学生的价值观念和行为方式。在班级活动中实施价值引领,意味着要通过精心设计的活动内容和形式,引导学生认同和践行社会主义核心价值观。例如,可以通过举办以"诚信""爱国""友善"为主题的活动,让学生在参与中自然吸收这些价值观,从而在无形中提升其道德素质和思想水平。

一、价值引领的理论基础

价值引领是大学生思想政治教育的核心组成部分,它通过各种教育活动影响学生的价值观念和行为模式，促进其个人发展和社会责任感的形成。

（一）教育理论支持

1. 教育社会学和心理学理论的应用

在班级活动中，教育社会学的理论可以帮助理解学生群体的社会结构和行为规范，以及这些结构和规范如何影响学生的学习和社会化过程。通过设计具有教育意义的社会互动和集体活动，可以促进学生的社会参与和责任感。同时，心理学理论，如社会认同理论和归属感理论，提供了如何通过团体活动增强学生对集体的认同感和归属感的见解。这些理论的应用有助于设计更有效的班级活动，使其能够在学生中建立积极的价值观和行为习惯。

2. 价值引领在塑造学生个人发展和社会责任感中的作用

价值引领通过提供一系列的教育活动和实践机会，使学生能够在现实情境中体验和学习社会主义核心价值观。这种引领方式不仅帮助学生了解这些价值观的内涵和重要性，还鼓励他们将这些价值观应用于解决实际问题和决策过程中，从而在个人层面上促进其综合素质的提升，在社会层面上培养其社会责任感和公民意识。

（二）思想政治教育目标

1. 培养社会主义核心价值观

班级活动，如主题班会、讨论会、志愿服务等，为学生提供了理解和实践社会主义核心价值观的平台。在这些活动中，教师和学生领导者可以通过具体的例子和活动，向同学们传达诚实、公正、友爱等价值观的重要性。例如，在主题班会中，可以通过讲述中国历史和现代发展的故事，解释社会主义核心价值观在国家和个人发展中的作用。通过这些互动和参与式的学习方法，学生不仅听到价值观的教育，更是在实际行动中理解和内化这些价值观，从而更加深刻地感受到它们的现实意义和生活应用。

2. 增强团队协作

班级活动通过组织团队建设活动、合作游戏和项目学习等方式，有效地促进学生在实际操作中学习和提升团队合作技能。例如，通过团队挑战活动或户外拓展训练，学生需要在小组内分工协作，共同解决问题以达成目标。这种经验不仅提升了他们的团队协作能力,还有助于培养每位成员的领导力和责任感。学生在这些活动中获得的经验,可以转化为未来职场和社会生活中解决复杂问题和领导团队的能力。

3. 发展批判性思维和解决问题的能力

班级活动通过组织辩论、案例分析等形式,鼓励学生挑战常规思维,提出并探索不同的视角。例如,在辩论活动中,学生需要对给定主题进行深入研究,从不同角度构建论点和反论点,这不仅提升了他们的批判性思维能力,还提升了他们分析问题和形成解决方案的能力。通过这些活动,学生能够在理论知识与实际情况之间建立联系,提高他们的逻辑思维能力和问题解决技巧,为他们未来的学术和职业生涯打下坚实的基础。

通过这些策略和方法,价值引领不仅为学生提供了一个学习和实践社会主义核心价值观的平台,还有助于他们的个人能力发展和社会责任感的培养,从而为构建和谐社会和推动社会进步提供了坚实的基础。

二、班级活动的设计与实施

(一)活动类型和设计原则

1. 不同类型的班级活动

班级活动在大学生的思想政治教育中扮演着至关重要的角色,提供了一个多元化的实践平台,增强学生的参与感和学习效果。通过一系列精心设计的活动,学生不仅能够在知识和技能上得到提升,而且在道德和社会责任感方面也能得到显著增强。具体活动类型包括:

(1)学术讲座

学术讲座是提升学生理论水平的有效方式,通过邀请学者或行业专家就当前的重大理论和实践问题进行讲解和讨论,学生能够直接从领域先锋那里获得最新的知识和见解。这些讲座不仅帮助学生扩展知识视野,还激发他们的学术兴趣,促进批判性思维的培养。例如,通过组织与经济发展、环境保护或社会正义相关的主题讲座,学生可以更深入地理解这些领域的复杂性和多维度问题。

(2) 文化和体育活动

文化节和体育比赛等活动是班级活动中不可或缺的部分，这些活动不仅丰富学生的校园生活，还有助于建立团队精神和集体荣誉感。通过参与戏剧演出、音乐会、书画展览等文化活动，学生能够在欣赏和创造美的过程中培养审美能力和文化素养。体育活动如篮球、足球比赛和田径运动，则能够在竞争和合作中磨炼学生的意志和团队协作能力，也强化他们的纪律性和责任感。

(3) 社会实践

社会实践活动是将学生从课堂理论学习中带到实际社会中，让他们通过参与社区服务、环保项目或企业实习，将所学知识应用于现实世界。这些活动使学生能够亲身体验和解决社会问题，如通过参与环境清理项目，学生不仅能增强环保意识，还能实际贡献于社区的可持续发展。企业实习则提供了一个平台，让学生在真实的工作环境中学习专业技能，同时培养职业道德和社会责任感。

通过这些多样化的班级活动，大学生在享受丰富多彩的校园生活的同时，也在不断地学习、成长和准备自己成为未来社会的有责任感的成员。这种教育方法不仅提高了他们的个人能力，更重要的是，培养了他们的社会责任感和集体归属感，为他们将来在社会上承担角色打下坚实的基础。

2. 设计活动的原则

在大学生的思想政治教育中，设计有效的班级活动是实现教育目标的关键一环。为确保活动内容与教育目标的一致性，设计时应遵循以下几个基本原则：

(1) 目标明确

每一个活动都应有清晰的目标，这些目标必须与大学生思想政治教育的目的紧密相关。例如，如果活动旨在培养学生的社会责任感，那么活动设计应包含志愿服务、社区参与等元素，确保学生能在活动中学习和实践这些价值观。通过设定具体的教育目标，活动不仅能够更加系统地传达想要强调的核心能力和价值观，还能帮助学生明确自己的学习方向和成长路径。

(2) 参与性强

为了提高学生的参与度，活动设计必须考虑如何吸引学生的兴趣和注意力。这意味着活动应具有高度的互动性和趣味性，能够激发学生的好奇心和参与欲。例如，可以通过角色扮演、模拟游戏或互动式讨论来设计课程，这些方法能够促使学生积极思考和参与，从而更深入地理解和吸收活动中的教育内容。此外，考虑到不同学生的兴趣和背景，活动设计应包含多样化的内容，确保能够覆盖到更广泛的学生群体。

(3) 实践性

班级活动应强调理论与实践的结合，使学生能够将课堂上学到的知识和技能运用于现实世界中。活动设计应创造机会，让学生在解决实际问题的过程中应用其知识，这不仅能增强学习的实效性，也能让学生体验到学习成果的实际价值。例如，设计一个关于环保的项目，让学生参与到本地社区的环境保护活动中，或者通过模拟联合国会议，让学生在模拟的国际环境中解决全球问题，这样的实践活动能够显著提升学生的问题解决能力和应用能力。

通过遵循这些设计原则，班级活动不仅能更有效地达到教育目的，也能大幅提升学生的学习体验和成果。这种有针对性的活动设计，能确保思想政治教育的内容得到有效传达和深入人心，也培养学生的综合能力，为他们将来的社会生活和职业发展奠定坚实基础。

(二) 融合思想政治教育的策略

1. 活动策划和执行中的融入策略

在活动策划和执行过程中有效融入思想政治教育元素对于加强大学生的核心价值观塑造至关重要。以下是实现这一目标的具体策略：

(1) 整合课程内容

文化和体育活动提供了一个理想的平台，可以将教育内容与学生的兴趣相结合。例如，在体育活动中，可以引入关于体育精神与社会主义核心价值观之间关系的讨论，探讨如何通过体育竞技培养诚信、公平、友谊和卓越等价值。在文化活动如戏剧演出或电影放映中，可以选择与社会主义核心价值观相关的主题，引导学生在活动中探讨和反思这些主题如何体现在日常生活和个人行为中。

(2) 强化实践链接

社会实践活动是将理论知识转化为实际行动的关键。在这类活动中，可以让学生参与到具体的社会问题解决中，例如在环保项目、社区服务或公益活动中实践社会主义核心价值观。通过处理真实的案例，如社区矛盾调解、贫困家庭支援等，学生不仅可以学习如何将学到的社会主义核心价值观应用于具体情境，还能增强他们的社会责任感和实际操作能力。

（3）反思与讨论

活动的反思和讨论环节对于加深学生的学习体验和理解至关重要。活动结束后，组织学生进行反思会，可以是正式的讨论会议，也可以是在线论坛或写作形式的分享。在这一环节中，引导学生分享他们的体验和收获，讨论在活动中遇到的挑战，思考如何将学到的知识和经验应用到个人成长和未来的社会实践中。这不仅帮助学生整合所学，还促使他们思考如何将个人行为与社会责任相结合。

通过这些策略，活动不仅仅是学生参与的平台，更成为他们学习、实践和反思社会主义核心价值观的重要途径。这种方法可以有效地将思想政治教育的理论内容转化为学生的实际行动和深刻体会，从而达到教育的深层次目标。

2. 分析实际案例

通过分析实际案例，可以展示具体的实施策略和取得的成效。例如，分析一个学术讲座如何引导学生深入理解国家发展战略，或评价一个社会实践项目如何帮助学生增强社会服务意识。案例分析应突出活动的设计思路、执行过程和评价结果，提供可行的改进建议。

通过上述策略的应用，可以有效地将思想政治教育融入班级活动的各个方面，不仅增强教育的趣味性和实用性，还能提升学生的参与度和教育效果，最终达到培养全面发展的社会主义建设者的目标。

第二节　德育感化：校园文化活动与思想政治教育相融合

校园文化活动与思想政治教育的融合旨在通过具体且生动的活动形式，使得思想政治教育的内容更加贴近学生的日常生活和实际需求。这种融合的基本概念是将教育内容自然地融入学生参与度高、兴趣浓厚的活动中，使学生在参与的过程中自然接受思想教育。教育目的则是通过这些文化活动，有效地传达国家的政策方针，培养学生的民族精神和社会责任感，同时提高他们的文化素质和审美能力。

一、校园文化活动的角色与重要性

校园文化活动在大学生思想政治教育中起着至关重要的作用，它们不仅丰富学生的校园生活，还在塑造他们的价值观和行为模式中发挥着关键作用。

（一）校园文化的定义与元素

1. 校园文化的定义

校园文化是大学环境中形成的一种独特社会和文化现象，反映了高等教育机构中固有的价值观、传统和习俗。这种文化包含了学生和教职工的行为准则、道德标准以及共同的目标和期望。校园文化是在日常生活中通过各种活动、仪式和庆典不断构建和传承的，如开学典礼、校庆日以及其他重要节日的庆祝活动。这些活动不仅加强了校园社区的凝聚力，也塑造了学校的公共形象和内在精神。

2. 校园文化包含的各种元素

校园文化由多种元素组成，涵盖了艺术、体育和学术等多个方面，这些元素通过校园内的各种活动得以展示和体现。

（1）艺术元素

艺术是校园文化中的核心组成部分，包括音乐、戏剧和美术等。学校通常会组织音乐会、戏剧演出和艺术展览等活动，通过这些活动，不仅丰富了学生的校园生活，还提供了一个展示和培养艺术才能的平台。例如，学校的音乐系可能会定期举办音乐会，戏剧社团可以演出经典或现代剧目，美术学院则可能举办画展来展示学生和教师的作品。

（2）体育元素

体育同样是校园文化的重要部分，包括校园体育赛事和日常的健身活动。体育活动不仅促进学生的身体健康，也强化了团队精神和校园精神。学校可能会有定期的体育比赛，如篮球、足球和田径等，这些活动加强了学生之间的竞争与合作，也是学生展示运动才能的舞台。

（3）学术元素

学术是校园文化的另一个基石，表现为学术竞赛、研讨会、论坛和讲座等。这些学术活动提供了一个交流思想和分享知识的平台，促进了学术创新和知识的深入探讨。例如，学术研讨会可能会邀请知名学者来校交流，学术竞赛如数学或科技竞赛则激励学生发挥其学术潜力。

通过这些丰富多彩的活动，校园文化不仅塑造了一个充满活力的学习环境，还培养了学生的全面发展，加深了他们对社会责任的理解与承担。这些文化元素共同构成了校园的独特风貌，反映了学校的教育理念和社会使命，对学生的个人成长和整体教育经历产生深远影响。

（二）文化活动的教育功能

1. 文化活动对学生价值观的影响

校园文化活动在塑造和深化学生价值观方面起着至关重要的作用。通过提供一个展示和实践社会主义核心价值观的平台，这些活动使学生能够在具体行动中理解和接受诚信、友善和公正等价值观。例如，通过举办以诚信为主题的演讲比赛或书法展览，学生不仅有机会展示自己的才华，也能在准备过程中体验到诚信的重要性。此外，公正主题的辩论赛可以让学生在争论中锻炼公正思考的能力，通过实际应用加深对这一价值的理解。

2. 文化活动对学生行为模式的影响

文化活动通过提供各种合作和表达的机会，有效地塑造了学生的行为模式。参与合唱团、戏剧社、体育队伍等集体活动，不仅培养了学生的团队合作精神和领导能力，还强化了责任感和集体荣誉感。同时，这些活动提供了自我表达的舞台，使学生有机会探索和发展个人兴趣与才能，从而增强个人的自信心和自我效能感。例如，参与舞蹈团或音乐会能让学生通过艺术形式表达个人情感和观点，增强个性发展和自我认同。

3. 文化活动在促进社会互动中的作用

校园文化活动还是学生社会互动的重要平台。通过参与共同的文化项目，学生可以在轻松愉快的环境中交流思想和建立友谊。这种互动有助于形成一个包容和开放的校园氛围，促进多元文化的理解与尊重。例如，国际食品节或文化多样性日等活动让学生有机会展示自己的文化背景，同时了解并尊重来自不同文化的同学。这种跨文化的交流和理解是构建和谐社会的基础。

通过这些方式，校园文化活动在大学生思想政治教育中发挥着关键作用。它们不仅为学生提供了丰富的学习和成长机会，还塑造了他们的社会责任感和集体归属感。这种教育方式为构建和谐社会和促进学生全面发展提供了重要支持，使学生能够在积极参与社会实践的同时,培养健全的人格和高尚的道德情操。

二、德育感化的理论基础

(一)德育的教育理论

1. 德育在思想政治教育中的位置和重要性

德育在思想政治教育中占据着核心和基础的地位。它旨在通过系统的教育过程培养学生的道德观念和行为准则,确保这些准则与社会主义核心价值观的要求相一致。德育的重要性不仅在于它能够塑造学生的个人品质,如诚实、责任感和同情心,它还对学生的社会交往能力和未来的职业道德产生深远的影响。

首先,德育对于形成学生的道德认知至关重要。通过德育,学生能够认识到诚信、公正和尊重等道德原则的价值,学习在复杂的社会环境中做出道德判断和行为选择。例如,通过讨论历史上的道德困境或当代的道德问题,学生可以理解这些原则在现实生活中的应用,学习如何在面对诱惑和挑战时坚守道德底线。

其次,德育通过培养学生的良好行为习惯,为他们的社会生活和职业发展打下坚实基础。道德行为不仅影响个人的品质形成,也影响人际关系和职业成功。例如,学校可以通过组织志愿活动或社区服务项目,让学生在实际行动中练习和体验助人为乐的快乐和社会责任感。这样的经历有助于学生形成积极的社会参与意识,为将来成为有责任感的社会成员奠定基础。

最后,德育有助于创建和维护一个和谐的学习和工作环境。在一个强调诚信和尊重的社区中,学生更容易感到安全和被接纳,这对于他们的心理健康和学习效果是非常有利的。此外,德育还能够帮助学生发展解决冲突的能力,学会以和平和建设性的方式处理人际关系问题。

总之,德育是构建个人品格、促进社会和谐以及实现个人与社会共同发展的重要工具。通过德育,不仅可以提升学生的个人道德水平,还可以为整个社会的道德风貌和谐发展作出贡献。

2. 通过德育理论提升学生的道德标准和社会责任感

德育理论在当代教育中扮演着至关重要的角色,它不仅塑造学生的道德观念,也强化了他们的社会责任感。通过综合运用多种教学方法和实践活动，德育理论旨在培养学生的道德判断力和促进其全面发展。

（1）课程设计中的道德教育

德育的课程设计应包括丰富的道德教育内容，将道德教育与学科知识相结合，以增强学生的道德意识。例如，在历史课程中，教师可以引入关于历史人物的典型事迹，讨论这些人物的道德抉择及其对社会的影响，让学生评析其行为的正义性或其决策的道德复杂性。此外，通过设置道德困境的讨论，如探讨环境伦理、社会公正等主题，学生被引导深入思考并就现实问题作出道德判断，这种讨论帮助学生理解道德原则的应用，并激发他们对公民责任的认识。

（2）德育在校园文化建设中的应用

校园文化是德育理论实施的重要平台，通过校园文化建设可以有效加强学生的道德教育。首先，学校可以通过树立正面的榜样来促进学生的道德成长。这包括突出展示教师和学生的模范行为，如诚实、尊重和公正等，并通过校园媒体分享这些榜样的故事和成就。其次，组织公益活动是德育的重要手段。通过鼓励学生参与社区服务、环保项目和慈善募捐等活动，不仅提供了实践道德理念的机会，也帮助学生体验到帮助他人和贡献社会的满足感。

（3）教育目标的明确化

在实施德育理论时，教育目标的明确化也非常关键。这些目标包括但不限于促进学生的道德思考、判断力的培养以及对社会责任的深刻理解。教育者应确保这些目标在教育活动中得到有效实施，如通过评价学生在道德决策中的表现，反馈和调整教育策略，以持续增强教育的效果。

通过这些综合策略，德育理论不仅在理论上为学生的全面发展提供支持，而且通过实际活动帮助学生将道德教育内化为生活和学习的一部分，为其成为具有高道德标准和强烈社会责任感的公民打下坚实基础。

（二）文化活动与德育的关联

1. 文化活动作为德育工具

文化活动在德育教育中扮演着至关重要的角色，它们不仅丰富了学生的文化生活，还提供了一个自然而有效的方式，通过艺术的形式进行道德教育。这些活动通过展示复杂的人物性格、道德冲突以及人性的各种面向，不仅促使学生欣赏文化艺术，也激发他们的道德思考和自我反省。

（1）戏剧表演

戏剧作为一种古老的艺术形式，特别适合表现人物内心的冲突和道德抉择。通过编排和上演与历史事件、社会问题相关的剧目，学生可以在角色扮演中体验不同的社会角色和情境，从而深入探讨诸如忠诚、背叛、正义和牺牲等道德问题。例如，通过上演关于抗战英雄的戏剧，学生不仅能学习到历史知识，还能在剧中人物的选择和行动中看到道德勇气和牺牲精神的体现。

（2）文学创作

文学创作提供了一个表达和探索个人感受与道德观念的平台。通过诗歌、短篇小说和散文的创作和分享，学生能够探讨广泛的社会和个人主题，如诚实、责任和爱。组织学生参与写作工作坊或文学比赛，不仅激发他们的创造力，还有助于培养他们用文学的方式思考和解决道德问题。

（3）电影讨论

电影作为一种流行且影响力巨大的媒介，常常被用来讨论复杂的社会和道德问题。通过观看关于重大历史事件或具有深刻社会意义的电影，学生可以看到不同的文化和历史背景下人们的选择与挑战。观影后的讨论环节是关键，教师可以引导学生分析电影中的道德问题，讨论人物的行为对错，以及这些情境如何关联他们的现实生活中，从而增强他们对复杂道德和伦理问题的理解。

通过这些多样化的文化活动，学生不仅能够在欣赏和参与艺术创作的过程中得到美学上的满足，更重要的是，这些活动为学生提供了深入讨论和理解道德和伦理问题的机会。这种寓教于乐的方式使德育教育更加生动有趣，更易于学生接受和内化，有效地促进了学生全面的道德和情感发展。

2. 促进学生的全面发展

参与文化活动对学生的全面发展具有多重益处。这些活动不仅仅是道德教育的载体，更是学生发展批判性思维、情感识别与表达、团队合作等一系列软技能的实践场所。这些技能对于学生的个人成长和未来的社会适应至关重要。

（1）批判性思维

文化活动如辩论、电影分析或文学批评等，挑战学生去分析和评价不同观点，推动他们不仅接受信息,还要批判地思考信息的来源、目的和影响。例如,在观看一部关于社会正义的电影后,学生被鼓励讨论其主题和情节,从而分析电影如何反映现实社会的复杂性和多样性。这种批判性思维的锻炼有助于他们在未来面对信息时能进行独立思考和合理判断。

(2) 情感识别和表达

戏剧和文学创作活动使学生有机会表达自己的情感,同时理解他人的情感体验。通过诗歌朗诵、故事讲述或戏剧演出,学生能够探索和表达复杂的情感如爱、恐惧、同情等。这不仅提升了他们的情感识别能力,还教会了他们如何有效地沟通自己的感受,这是社会交往中不可或缺的技能。

(3) 团队合作

文化活动常常需要团队协作,无论是在戏剧制作、合唱团表演还是艺术项目中。学生在这些活动中学习如何与他人协作,共同完成一个项目。例如,制作一部学生电影不仅需要演员,还需要导演、剧本写手、摄影师和后期制作团队。通过这些活动,学生不仅学会了专业技能,更重要的是学会了如何在团队中发挥作用,解决冲突,并共同达成目标。

文化活动提供的这种安全和支持的环境使学生能够自由探索不同的角色和情境。通过参与这些活动,学生不仅能够模拟和实践不同的社会和个人角色,还能够在这个过程中测试和加固自己的道德观念和社会技能。最终,这些活动促进了学生的全面发展,为他们将来成为有责任感和富有同情心的公民打下坚实的基础。

通过有效地整合德育理论和文化活动,大学可以为学生提供一个丰富多彩且富有教育意义的学习环境,不仅提升其道德标准,也促进其成为一个责任感强、全面发展的社会成员。

三、校园文化活动与思想政治教育的融合策略

校园文化活动提供了一个宝贵的平台,用于灌输和加强思想政治教育。这部分将探讨如何设计和实施包含思想政治教育元素的校园文化活动,以及如何在这些活动中有效融入德育教育。

（一）活动设计与实施

1. 设计包含思想政治教育元素的校园文化活动

在大学校园中，文化活动是传达思想政治教育内容的重要途径。为了使这些活动有效地影响学生，需要精心设计，确保它们既富有教育意义，又能激发学生的兴趣和参与。

（1）确定活动主题

设计活动的首要步骤是确定一个能够贯穿整个活动并传达思想政治教育核心信息的主题。例如，选择"社会责任"作为主题，可以围绕当前的社会问题如环保、公益和社会公正等内容设计活动。同样，如果选择"爱国主义"，活动可以包括学习国家历史、重要人物的贡献以及国家发展的重大成就等方面。这些主题不仅提供了明确的教育方向，还可以增强学生对这些价值观的认同感。

（2）结合当前社会热点和历史事件

为了增强活动的时效性和相关性，应当结合当前的社会热点、历史事件或重要政策。例如，在设计关于"社会责任"的活动时，可以引入最近的环保议题或社会服务项目，让学生讨论并提出解决方案。通过这种方式，学生不仅能够了解到社会当前的需求和挑战，还能通过实际参与感受到自己的行动能力和社会影响力。

（3）创造性和参与性的活动设计

为了吸引学生的兴趣和促进他们的积极参与，活动设计应注重创造性和参与性。可以通过以下几种方式来实现：

①互动式游戏和模拟：设计与主题相关的角色扮演游戏或模拟活动，如模拟联合国、危机模拟等，让学生在游戏中扮演不同的角色，通过互动学习和体验政治决策过程。

②竞赛和挑战：组织与主题相关的辩论赛、演讲比赛或写作比赛，鼓励学生就特定主题进行深入研究和表达自己的见解。这不仅促进了学生的独立思考，也提高了他们的表达和沟通能力。

③小组讨论和研讨会：安排小组讨论或研讨会，让学生在辅导老师的引导下，就特定主题进行深入讨论。这样的活动有助于学生构建知识框架，同时培养他们的团队合作和领导能力。

通过这些方法，校园文化活动不仅能够有效地传达思想政治教育的内容，还能激发学生的参与热情和学习兴趣，进一步强化他们的道德标准和社会责任感。

2. 具体活动的实施

（1）文艺表演

文艺表演是一种富有表现力的德育活动形式，通过艺术的方式有效传递思想政治教育内容。可以组织学生参与诗歌朗诵、戏剧演出或歌舞表演，精心选择主题和内容以围绕爱国主义、重要历史人物或社会主义核心价值观进行创作和表达。例如，通过戏剧演出可以复现历史事件，让学生在扮演历史人物的过程中深入感受那个时代的情感与冲突，增强历史教育的感染力。这类表演不仅能增强学生的文化素养，还能深化他们对社会主义核心价值观的理解和接纳。

（2）节日庆典

节日庆典是加强国家意识和爱国主义教育的重要方式。在国庆节、青年节等重要节日，可以通过组织升旗仪式、主题演讲、知识竞赛等多样化形式庆祝这些特殊日子。例如，国庆日的升旗仪式可以让学生在庄严的国歌声中体验到国家的尊严和荣耀，而主题演讲和知识竞赛则可以增强学生对国家历史和文化的了解，培养他们的国家意识和自豪感。

（3）纪念日活动

纪念日活动是理解历史和传承记忆的重要教育手段。例如，抗战胜利日或五四青年节等，可以通过组织专题讲座、历史影片放映或烛光晚会来纪念。这些活动帮助学生深入了解这些重要日子的历史背景和深远意义，从而增强他们的历史责任感和使命感。专题讲座可以邀请历史学者深入解析事件背后的历史教训，而历史影片的放映则可以视觉化地展现历史事件，使学生在情感上有更深的共鸣。

通过这些丰富多样的活动，学生不仅可以在轻松愉快的氛围中学习和成长，还能在实践中不断加深对思想政治教育内容的理解和认同，进一步强化他们的道德观念和社会责任感。这些活动的设计和实施，都旨在通过具体而生动的形式，使德育教育和思想政治教育深入人心，培养学生成为有道德、有文化、有责任的社会人。

（二）融合德育的具体方法

在校园文化活动中融入德育教育是一种有效的方法，旨在通过精心设计的主题和教育内容，加强学生对道德原则的认识和实践。为了实现这一目标，每个活动都应该围绕一个与德育密切相关的明确主题进行设计。这种方法不仅使德育教育更具目标性和实效性，还能激发学生的参与兴趣和思考深度。

选择与德育相关的主题如"诚信""公正""环保"等，可以有效地引导学生探索这些概念在现实生活中的应用。例如，设置"诚信"为主题的活动可以通过讲述历史上或当代著名人物的诚信故事，让学生看到诚信带来的积极影响。同样，通过模拟市场交易环境，让学生在不同情境下作出决策，可以实际体验在经济活动中保持诚信的重要性。

（三）使用多样化的活动形式

1. 故事讲述

通过叙述与主题相关的真实故事或创作的寓言，可以有效地传递道德信息，让学生在感情上与主题产生共鸣。故事中的角色模型和情节转折可以深刻影响学生的价值观念。

2. 情景模拟

设计与主题相关的情景模拟活动，如模拟法庭审理来探讨"公正"，让学生在模拟的情境中扮演不同角色，这不仅能提升其对道德原则的理解能力，还能锻炼其临场应对和道德判断能力。

3. 辩论比赛

组织辩论比赛，让学生就某一道德主题（如环保的必要性）展开辩论。这种形式能锻炼学生的思辨能力和语言表达能力，同时使他们在准备和辩论过程中深入理解主题的多个方面。

通过这些教育形式，学生不仅能在理论层面上理解德育原则，更重要的是，他们能在实践中学会如何将这些原则应用于日常行为和决策中。这样的活动设计使德育教育更加生动和具体，有助于学生形成稳固而深刻的道德观，从而在个人行为上自然体现出来，有效促进其全面发展。

4. 角色模仿和情境体验

角色模仿和情境体验是教育中一种极为有效的方法，尤其在德育教育中，它能够帮助学生通过实际体验来深化对复杂社会、政治和道德问题的理解。这种方法使学生能够超越传统的课堂学习模式，通过身临其境地体验来探索和反思各种情境下的人物行为和决策。

(1) 角色扮演的德育价值

角色扮演活动允许学生从第一人称的角度出发，体验特定历史或现代人物的生活和挑战。例如，在模拟联合国的活动中，学生可以扮演不同国家的代表，他们需要深入研究并理解所代表国家的政治立场、文化背景和国际关系。这不仅增强了学生对全球事务的理解，也培养了他们的外交谈判技巧和批判性思维能力。

在历史重现活动中，学生则可能扮演具有重大历史影响的人物，如国家领导人、社会改革者或重要的思想家。通过模拟这些人物在关键历史时刻的决策过程，学生可以从内部体验这些决策背后的道德考量和政治压力，从而对历史事件的复杂性有更深刻的认识。

(2) 情境模拟的教育功能

情境模拟活动设计到将学生置于设计好的、控制的环境中，其中他们必须应对一系列预设的挑战或道德困境。这种模拟活动非常适合讨论现代社会问题，如环境伦理、企业社会责任、公民权利等。通过这些活动，学生被激励去思考和讨论可能的解决方案，并评价不同决策的长远影响。

例如，通过一个关于环境保护的情境模拟，学生可以扮演企业领导、政府官员、环保组织成员等不同角色，探讨如何在经济发展和环境保护之间找到平衡。这样的活动不仅增强了学生的环境意识，也促进了他们在现实世界中作为有责任感公民的社会参与。

(3) 教育目标的实现

通过角色模仿和情境体验，德育目标得以实现，学生不仅学到了历史和政治知识，更重要的是学会了如何在现实生活中应用这些知识。这种教学方法强调道德判断的重要性，并鼓励学生在现实生活中展现责任感和道德勇气。这些体验性学习活动深化了学生对社会正义、公民责任和个人道德的理解，为他们成长为有责任感和有道德的公民打下了坚实的基础。

通过这些策略的实施，校园文化活动不仅能提供娱乐和教育，更能深化学生的思想政治教育和德育认知，促进他们成为具有社会责任感和道德洞察力的公民。

第三节 行为塑造：社会实践活动与思想政治教育相融合

社会实践活动作为大学生思想政治教育的一个核心组成部分，提供了一个实际的舞台，使学生能够将理论知识应用于现实情境中，从而加深对社会主义核心价值观和政治理论的理解。这些活动不仅增强了学生的社会责任感和公民意识，而且通过亲身体验，帮助学生形成了批判性思维和独立解决问题的能力。

社会实践活动为大学生提供了一个将课堂上学到的理论知识与实际情况相结合的机会。通过参与志愿服务、社区支持、环境保护项目等，学生能够直接观察和分析社会现象，体验社会的多样性和复杂性。这种直接参与帮助学生更好地理解社会动态，培养他们的社会责任感，也锻炼了他们的组织和领导能力。此外，社会实践活动还提供了一个自我反思的机会，使学生能够在实际行动中评价和调整自己的行为模式，更深刻地理解社会主义核心价值观如何在现实中得以体现。

一、社会实践活动的角色与重要性

社会实践活动在大学生的思想政治教育中占有不可替代的地位，它们通过将学生直接置于社会环境中，使他们得以将理论知识与实践相结合，从而加深对社会问题的理解并培养其社会责任感。

（一）社会实践的定义与类型

1. 定义社会实践活动

社会实践活动指的是学生在教师的指导下，离开传统课堂环境，直接参与社会活动，以此来加深对社会现象的认识并发展个人技能的过程。这些活动通常包括志愿服务、实地调查、社区服务等多种形式，每种类型都旨在通过实际参与来增强学生的学习体验。

2. 不同类型的社会实践活动

社会实践活动在大学生思想政治教育中扮演着关键角色，它们通过各种形式使学生直接参与到社会中，提供了宝贵的学习和成长机会。以下是几种常见的社会实践活动类型，以及它们对学生发展的具体贡献：

（1）志愿服务

志愿服务活动通常涉及学生自愿参与到社区的各种服务项目中，这些项目可能包括帮助老年人、支持残疾人士、参与环保活动或在灾区提供援助。通过这些活动，学生不仅能够为社会贡献自己的力量，还能在过程中培养强烈的同理心和服务意识。例如，通过在养老院志愿服务，学生不仅可以帮助老人解决日常生活问题，也能学习到如何与不同背景的人有效交流和互动，提升自身的人际交往能力。

（2）实地调查

实地调查活动要求学生走出校园，直接到社会上收集数据和信息，常见的形式包括进行市场调查、社会态度调查或环境研究。这种类型的活动特别有助于培养学生的批判性思维和分析能力。通过实际的数据收集和分析过程，学生能够更加深入地理解特定社会现象背后的复杂性，也训练他们将理论知识应用于实际问题解决中的能力。例如，通过对本地社区居民的生活满意度进行调查，学生可以学习如何设计问卷、如何统计和解读数据，以及如何基于数据作出合理的社会推断。

（3）社区服务

参与社区服务项目如社区规划、社区安全监督或当地教育支持等，学生可以在真实的社会环境中学习如何识别和解决具体问题。这些活动不仅能够提升学生的问题解决能力，也有助于培养他们的领导能力和团队协作精神。例如，通过参与社区安全巡逻队，学生不仅可以帮助提高社区的安全水平，也能学习到如何在团队中发挥领导作用，如何有效地沟通和协调资源，以及如何在紧急情况下作出快速决策。

通过这些不同类型的社会实践活动，学生不仅能够获得丰富的学习体验，还能在多个维度上得到成长和提升。这些活动不仅有助于学生的个人技能发展，更重要的是，它们在培养学生的社会责任感、公民意识和道德观念方面发挥着不可替代的作用。

（二）行为塑造的理论基础

1. 社会学习理论

根据 Albert Bandura 的社会学习理论，个体不仅通过直接经验学习，也通过观察他人的行为及其后果来学习新的行为模式。这一理论在社会实践活动中尤为重要，因为学生可以在这些活动中观察到导师、社会工作者或同伴在真实社会环境中的具体行为。例如，学生可能观察到导师如何有效地与社区成员沟通和解决问题，或者看到同伴如何协作完成一个项目任务。通过这些观察，学生学会了如何在类似情境下适当地行动，例如，他们可能学会如何在一个团队中发挥领导作用，或者如何在面对挑战时保持冷静和专注。

此外，社会学习理论还强调了模仿行为的四个阶段：注意、记忆、动机和模仿。在社会实践中，确保学生能够注意到和记住关键行为，激励他们去模仿这些行为，并提供机会让他们在实践中复制这些行为是至关重要的。因此，教育者可以设计活动，使学生有机会观察到值得效仿的正面行为，并在导师的引导下实践这些行为。

2. 行为主义理论

行为主义理论，特别是 B. F. Skinner 的强化理论，强调行为的学习是通过对该行为的强化而发生的。在社会实践活动中，对学生积极参与的正向反馈，如表扬、认可和奖励，可以显著增强他们继续参与并采取积极行动的倾向。例如，当学生在社会服务项目中表现出色时，通过颁发证书或公开表扬的方式来认可他们的努力和贡献，可以增强他们未来在类似情境中采取积极行为的动机。

教育者还可以利用行为主义理论中的负强化和惩罚原则来指导学生避免不当行为。例如，如果一个学生在团队项目中表现出消极态度或不合作的行为，教育者可以设置明确的后果，如减少项目分数或重新分配任务，以此来减少这种行为的发生。

通过结合社会学习理论和行为主义理论，教育者可以更有效地设计和实施社会实践活动，不仅促进学生的行为发展，也加深他们对社会责任和个人行为后果的理解。这种理论的综合应用确保了思想政治教育的实践活动能够在培养学生实际技能的同时，也强化了他们的道德观和社会行为准则。

（三）社会实践对学生行为和价值观的影响

社会实践活动提供了一个平台，让学生可以将他们在课堂上学到的理论知识应用于现实世界中，体验和反思这些理论在实际中的应用效果。通过这些经验，学生的价值观和行为模式得以逐步建立和调整。例如，通过参与贫困社区的教育项目，学生可能会更加重视教育公平的社会价值，从而在未来的职业和个人生活中倡导和支持相关的政策和活动。

通过结合理论学习和社会实践，学生不仅能够加深对社会问题的理解，也能够发展成为具有社会责任感和实际操作能力的社会人。这些经历为学生的个人发展和未来的社会参与奠定了坚实的基础。

二、社会实践活动与思想政治教育的融合策略

（一）融合的教育目标

社会实践活动作为大学生思想政治教育的重要组成部分，不仅为学生提供了理论学习的实践场所，还通过具体活动帮助学生培养爱国主义精神、社会主义核心价值观，以及社会责任感。

1. 培养爱国主义

通过组织学生参与到国家重大项目的观摩、参观国家历史遗迹或国家发展成就展等活动中，学生可以直观地感受到国家从过去到现在的发展变化。例如，参观科技展览或大型基础设施，如高铁、水利工程等，能让学生实地看到国家科技进步和工程能力的具体成果。这种体验不仅增强了学生的国家自豪感，也使他们理解到作为公民对国家发展应负的责任，从而深化他们的爱国情怀。

2. 弘扬社会主义核心价值观

通过具体的社会实践活动，如诚信主题教育活动、公正主题的辩论赛，或参与社区友善互助项目等，学生可以在实践中直接学习和体验这些核心价值观。例如，通过组织学生在商场或社区开展诚信宣传活动，他们不仅可以宣传诚信的重要性，还能通过实际行动展示诚信的价值。这些活动帮助学生将抽象的价值观转化为具体行动，实际体验和反思这些价值观在日常生活中的应用。

3. 增强社会责任感

通过鼓励学生参与社会服务和发展项目，如环境保护志愿活动、社区服务日或支教活动等，学生能够直接参与解决社会问题。这些活动让学生在实际操作中遇到并思考如何解决社会问题，比如通过参与河流清理或社区康复项目，学生不仅提供了实际帮助，还在过程中学习到如何作为一个有责任的公民对社会作出贡献。这种参与感和成就感极大增强了他们的社会责任感。

通过这些社会实践活动，学生不仅能够将课堂上学到的理论知识应用到现实中，

更重要的是，他们能够在实践中培养自己的道德观念、责任感和社会参与能力，从而更好地为将来的社会生活和职业发展打下坚实的基础。这些活动有助于形成一个理论与实践相结合的全面教育过程，为大学生的成长提供了丰富的土壤和条件。

（二）实施方法

1. 设计包含思想政治教育元素的社会实践活动

为确保社会实践活动能有效地传达和实施思想政治教育的目标，活动设计需紧密结合学生的实际学习和社会需求，以实现理论与实践的有机结合。以下是一些具体的活动设计建议，旨在通过不同类型的社会实践活动强化学生的社会责任感、国家认同感和对社会主义核心价值观的理解。

（1）社区服务项目

①老年人关怀：设计项目，比如"乐龄伴侣"计划，鼓励学生定期访问老年社区，提供陪聊、健康咨询、技能教学等服务。这种互动不仅能增进年轻人与老年人之间的理解和尊重，也让学生亲身实践尊老爱幼的传统美德，同时培养他们的责任感和服务意识。

②环境保护活动：开展如社区绿化、河流清理、可持续发展教育等项目，让学生在保护自然环境中实践公正、诚信和友善等社会主义核心价值观。通过这些活动，学生不仅能学到环保知识，还能理解每个人在环境保护中的责任和作用。

（2）历史文化考察

组织学生参观革命纪念地、历史博物馆等，通过讲解员深入浅出地介绍和互动讨论的方式，加深学生对国家历史的了解，增强他们的国家认同感和民族自豪感。这些活动可以帮助学生从历史的角度理解现代中国的发展，以及个人与国家之间的关系。

（3）公共政策参与

鼓励学生参与到社会调查项目中，如对当地居民的生活状况、公共服务满意度等进行调查，并基于调查结果参与到政策制定的讨论中。这种活动可以让学生直接观察和分析社会问题，提升他们对公共政策影响力和复杂性的理解。同时，通过实际参与政策讨论和建议提出，学生能够培养批判性思维能力和解决问题的能力。

这些社会实践活动设计旨在通过具体的社会参与和体验来培养学生的社会主义核心价值观，同时提高他们对社会、历史和政治的深入认识。通过实践中的学习和体验，学生能够更好地理解和吸收思想政治教育的核心内容，成为有责任感、有能力的社会成员。

2. 通过项目导向学习和问题解决方法增强批判性思维和社会参与

项目导向学习（PBL）和问题解决方法是实施社会实践活动中非常有效的策略，这些方法能够深入地培养学生的批判性思维、问题解决能力以及社会责任感。

项目导向学习是一种学生中心的教学方法，它要求学生团队围绕一个实际社会问题展开全面研究。这个过程从问题的识别开始，经过数据收集、分析直至最终提出切实可行的解决方案。例如，学生可能会调查当地社区的可持续发展问题，识别关键的环境挑战，并设计一系列促进环保的策略。

学生通过实地考察、调研和实验，亲自操作和试验各种解决方案，这不仅帮助他们将抽象理论具体化，还能实际检验理论的可行性。

在项目导向学习中，学生需要分工合作，共同承担项目责任，这种合作过程中自然涵盖了领导与被领导的经验，有助于培养学生的组织和领导能力。

3. 问题解决方法

问题解决方法要求学生面对具体的社会问题，如环境保护、社区安全、公共卫生等，进行系统的思考和分析。通过这一方法，学生不仅需要理解问题的多维度特征，还要积极寻找并实施解决策略。

（1）系统思考和分析

学生通过收集相关信息、利用逻辑和批判性思维技能分析问题的根源和可能的解决方案，这个过程强调了分析与综合的能力。

（2）理论与实践的结合

问题解决的过程鼓励学生将课堂上学到的理论知识应用到实际情境中，例如，将政治理论用于分析社区治理模式的优劣，或者将经济学原理应用于评价公共政策的经济影响。

通过项目导向学习和问题解决方法，学生不仅能在实际环境中测试和应用他们的知识，这些活动还促进了学生对社会问题的深入理解和积极参与。这种教学策略有效地将思想政治教育的目标与学生的个人发展和社会实践紧密结合，不仅增强了教育的实践性和趣味性，还为学生未来成为社会的有责任感的成员奠定了坚实的基础。通过这些实施方法，社会实践活动与思想政治教育的有效融合不仅能够增强学生的学习动力和参与感，还能够促进他们在社会实践中形成和强化正确的价值观和行为模式，为他们将来作为有责任感的公民奠定坚实的基础。

第四节 平台聚焦：新媒体载体与思想政治教育相融合

在当今信息时代，新媒体已成为大学生生活中不可或缺的一部分，极大地影响了他们的学习、交流和日常生活方式。新媒体的广泛使用为思想政治教育提供了新的渠道和方法，这使得教育者能够通过更加直接和互动的方式接触和影响学生。本部分将探讨新媒体在当代大学生生活中的普及程度及其影响，介绍新媒体与思想政治教育的融合概念及其潜力，并探讨如何通过新媒体平台有效地推广和实施思想政治教育。

新媒体，特别是社交媒体、即时通信工具和网络视频平台，在大学生群体中的普及率极高。这些平台不仅改变了学生获取信息和娱乐的方式，还重塑了他们的社交行为和学习习惯。学生通过新媒体与外界进行即时交流，获取即时新闻，参与在线课程，以及表达和分享个人观点。此外，新媒体也影响了学生的价值观和行为模式，使得信息传播更快、更广，但也带来了信息过载和辨识信息真伪的挑战。

新媒体与思想政治教育的融合为传统教育方式带来了创新，提供了新的教育路径和手段。通过利用新媒体平台，教育者可以发布教育内容，开展在线讨论和虚拟研讨会，从而使思想政治教育更加贴近学生的日常生活和兴趣。例如，利用微博、微信公众号或抖音等平台推广正面的教育信息，不仅能够提高内容的吸引力和参与度，还可以实现即时反馈和互动，极大地增强了教育的效果和广度。

一、新媒体载体的特性与优势

（一）新媒体定义与类型

1. 定义新媒体

新媒体通常指的是通过数字技术来产生、展示和分发内容的媒体形式。它包括社交媒体平台如Facebook、Twitter、微信和微博，博客和在线论坛，以及视频分享网站如 YouTube 和 Bilibili。这些平台的共同特点是依托互联网技术，允许用户创造内容、分享信息，并与其他用户进行交互。

2. 新媒体类型的优势

新媒体的普及改变了信息传播的方式，尤其在高度的可访问性和互动性方面展现出显著优势，这些特点使得新媒体成为思想政治教育中极为重要的工具。以下是几种主要新媒体类型及其在思想政治教育中的具体优势。

（1）社交媒体平台

社交媒体如微信、微博、Facebook 和 Instagram 等，因其高度的用户渗透率和便捷性，使得信息能够迅速传播至广泛的受众。这些平台不仅加快了信息的传播速度，还允许用户通过点赞、评论和分享等方式进行即时反馈，从而实现信息传播的双向性。例如，教育者可以通过发布带有教育意义的短视频或图文消息，迅速触达大量学生，学生之间也可以就这些内容进行互动讨论，形成活跃的学习社区。

（2）视频分享网站

网站如 YouTube、Bilibili 和抖音提供了一个通过视频进行信息传递的平台，结合视觉和听觉元素的视频内容更容易吸引用户注意，并帮助观众更好地理解和记忆信息。这种格式特别适合解释复杂的概念或展示实际操作步骤，使得思想政治教育内容更加生动和易于接受。教育者可以制作内容丰富、形式多样的教育视频，如纪录片、教学视频或情景模拟，以增强教育的趣味性和实效性。

（3）博客和在线论坛

博客和论坛如 Reddit、Quora 或专业博客平台，为用户提供了发表更加深入和详尽文章的空间，适合进行深度讨论和知识分享。这些平台使得教育者和学生能够就某一主题进行深入探讨，交流各自的观点和研究成果，从而促进了知识的深层次交流和思维的碰撞。此外，通过定期更新博客内容，教育者可以持续关注和回应学生的疑问和讨论，保持教育话题的持续热度和深度。

总之，新媒体的这些优势使其成为推广思想政治教育的有力工具，不仅可以提升信息的覆盖范围和传播效率，还能增强教育内容的吸引力和互动性，从而更有效地促进学生的学习和参与。

(二) 新媒体在教育中的作用

1. 提升信息可达性

新媒体通过互联网极大地增强了教育资源的可达性，使得地理和物理限制不再是学习的障碍。学生无论身处何地，只要能接入网络，便可以轻松访问到各种在线图书馆、教育视频、专业课程及全球学术讲座。这种高度的可达性使得学习变得极其灵活和个性化，学生可以完全按照自己的时间表和学习进度来安排学习，支持自主学习的同时，也使得终身学习变得更加容易和实际。对于在偏远地区或资源较少的环境中的学生来说，这种可达性特别重要，因为它为他们提供了与城市学生同等的学习机会。

2. 增强学习动机

新媒体的多样性和互动性为学习过程带来了新的活力，能够有效激发学生的学习兴趣和动机。互动视频教程、在线游戏化学习、虚拟现实体验等，都是利用新媒体技术提供的工具，使学习复杂或抽象概念变得更加生动有趣。例如，学生可以通过虚拟现实技术来模拟化学实验，不仅安全性强，还能即时看到不同化学反应的结果，这种直观的体验能显著增强学习效果。同时，新媒体平台上的即时反馈机制，如点赞、评论和分享，为学生提供了积极的反馈，这种互动性的反馈机制对于增强学生的参与感和学习动力至关重要。

3. 促进互动交流

新媒体为学生提供了一个广阔的平台，使他们能够与教师及全球的同学进行实时交流和讨论。这种交流方式不仅限于传统的文字形式，还包括视频、图表、演示文稿等多媒体形式，使得讨论和交流更加全面和深入。例如，社交媒体工具和在线论坛允许学生参与到各种主题的讨论中，无论是课堂问题的解答，还是复杂概念的深入讨论，都可以快速得到反馈和补充。此外，直播讲座和在线研讨会使得学生可以在全球范围内接触到最前沿的学术资源和讨论，不仅提升了学习的深度和广度，也极大地丰富了学习资源。

总之，新媒体在教育领域的应用为学习和教学提供了无限可能，改变了传统教育模式，使教育更加高效、动态和包容。通过这些技术，学习者可以获得更为丰富多彩的学习体验，也为教育工作者提供了更多的教学工具和方法，共同推动教育的现代化和全球化进程。

二、新媒体与思想政治教育的融合策略

（一）内容创新与定制

1. 创建符合新媒体特性的教育内容

为吸引大学生的注意力并提高内容的吸引力，思想政治教育内容需要创新和适应新媒体的传播特性。例如，可以制作短视频来介绍重要的政治事件或思想理论，使用动画和图表来简化复杂概念的解释。图文结合的方式也非常适合新媒体，通过精美的视觉设计和简洁的文字来提供快速易懂的信息。此外，互动问答和小测验可以作为内容的一部分，帮助学生测试自己的理解程度，同时增强学习的趣味性。

2. 根据平台用户特征定制教育内容

不同的新媒体平台拥有不同的用户群体和使用习惯，因此，内容的定制也需要根据这些特点进行调整。例如，在使用微信公众号时，可以发布较长的文章和深入讨论的内容，而在抖音或 Instagram 等平台上，则应更多使用视觉冲击力强、信息量小且直观的内容。了解目标受众的偏好和习惯是制定有效内容策略的关键。

（二）互动与参与机制的构建

1. 利用新媒体的互动性质增强学生参与感

新媒体平台的互动性是其最大的优势之一，这使得它成为思想政治教育的理想工具。通过利用平台提供的评论、分享和点赞等功能，教育者可以显著增强学生的参与感和学习动机。例如，教育者可以通过设立具有挑战性的讨论话题，鼓励学生在帖子下方发表自己的见解和争论，这不仅增强了学生对话题的兴趣，还促进了他们之间的互动和交流。

此外，新媒体平台上的直播功能提供了一个实时互动的机会。教育者可以利用直播进行在线讲座，学生不仅可以即时观看，还可以通过直播平台的聊天功能提出问题或发表评论，这种即时反馈极大地提升了学习的动态性和参与度。直播也使得学生能够观看到其他同学的问题和教师的回答，从而获得更广泛的知识和不同的视角。

2. 增强教育的互动性

为了进一步增强思想政治教育的互动性，教育者可以创造更多在线互动的机会。设立在线讨论组是一种有效的方式，它允许学生在一个安全和开放的环境中表达自己的观点，并学习他人的想法。这种设置不仅增强了学生的参与感，还有助于培养他们的批判性思维和辩论技巧。在线讨论组可以围绕特定的政治理论、当前事件或道德问题展开讨论，使学生能够深入探讨并从多角度分析问题。

另外，创建虚拟实践社区也是增强互动性的一个有效方法。在这些虚拟社区中，学生可以参与模拟投票、政策制定游戏或其他形式的互动活动，这些活动设计得如同真实的政治和社会活动一样。例如，通过模拟联合国或政府决策过程，学生不仅可以应用他们所学的政治知识，还能体验到决策过程的复杂性和挑战性。这样的虚拟实践活动不仅令学生对政治理论有更深的理解，也能激发他们对实际政治活动的兴趣。

通过这些方法，新媒体不仅改善了传统思想政治教育的形式和内容，还极大地提高了学生的学习效果和参与度，使教育过程更加生动和实效，更能适应现代学生的学习习惯和技术趋势。通过这些策略，新媒体可以成为思想政治教育的强大工具，不仅能够扩大教育内容的覆盖范围，还可以通过互动和参与的方式，大幅增强教育的效果和学生的学习兴趣。

第八章 新时代大学生思想政治教育评价

在新时代的大背景下,对大学生思想政治教育的评价显得尤为重要,它不仅关系到教育质量的提升,也影响着教育政策的调整和完善。因此,构建一个科学、系统的评价机制是提高大学生思想政治教育效果的关键。这一评价机制应能全面反映教育的质量和成效,同时为教育的改革和创新提供数据支持和决策依据。

第一节 评价的目标与内容

在新时代背景下,对大学生思想政治教育进行精准有效的评价是至关重要的任务。评价的主要目标是确保思想政治教育的质量和效果,通过评价活动来监测和反馈教育实施的成效,及时调整和优化教育策略。此外,评价还旨在促进学生的全面发展,强化其社会责任感、历史使命感和创新能力的培养。通过有效的评价机制,可以激励学生深入学习政治理论,积极参与社会实践,形成正确的世界观、人生观和价值观。

一、思想政治教育评价概述

(一)思想政治教育评价的内涵

从思想政治教育的核心目的出发,评价活动是一种全面审查教育目标实现程度的关键过程。在总体策略上,评价思想政治教育的成效应当基于既定的教育目标,并利用一系列具体的评价指标和统计方法来进行效果分析,从而对其价值进行判断。具体来说,教育管理部门或相关机构需要依据统一的评价标准,通过详细的指标来检测思想政治教育的实际成效。这通常涉及使用量化和统计技术来分析指标体系调查结果,确保教育成效的真实性能得到准确反映。此外,思想政治教育评价对于评价教育工作者的绩效和了解当前教育状态提供了重要的参考依据。

思想政治教育评价的内容主要基于是否能够按照预定计划实现教育目标。其根本目的在于提升学生的专业素养，因此所有相关活动都应聚焦于此目标，并推动其实现。如果通过常规活动，学生的技能和态度有显著提升，则可视为思想政治教育效果良好；反之，则需针对预设目标进行必要的调整和改进。评价过程不仅需围绕这一核心目标，还应详细反映受教育者的思想政治素质，并为思想政治教育的下一阶段提供有力的改进建议。

在思想政治教育的评价工作中，教育的保障机制和执行过程也是评价的关键方面。从系统论的视角出发，这一评价能全面展现日常教育活动的进展，并识别潜在的问题所在。优质的思想政治教育不仅需要合理的人员配置、充足的物质资源和有序的组织实施，这些因素共同构成了实现教育目标的基础。因此，对教育保障机制和执行过程的评价不仅是对其指导和要求的审视，也反映了教育管理的整体效率。

（二）思想政治教育评价的特点

思想政治教育的评价是一个涉及教育各方面的综合性任务，具有其特有的复杂性。这种评价不仅包含了通常工作评价的一般特点，也展现出思想政治教育特有的特性。

1. 导向性

思想政治教育评价的主要目的在于改善与完善教育实施方案。这种评价基于特定的价值观进行，需要通过调查、分析和描述现状，识别教育成就及问题的根本原因。这有助于维持已有成就，并解决之前阶段的问题，确保教育工作能够朝着既定目标稳步推进。

2. 客观性

如前所述，虽然思想政治教育评价具有导向性，但这一导向性的实现必须建立在对事物本质的客观认识之上。这要求评价工作能够全面并准确地反映教育的实际情况，并作出恰当的判断。因此，评价中必须坚持实事求是的原则，排除任何主观偏见，避免片面性，以确保评价结果的全面性和可信度。

3. 整体性

思想政治教育的复杂性源于其广泛的影响。教育效果不仅体现在社会各层面，也深刻影响着社会的各个方面。评价不仅应考虑社会环境对教育的影响，还应考虑教育对社会发展的促进作用，从而推动教育与社会宏观系统的整合。如果评价过程中忽略了教育的总体社会效应，仅从单一方面考虑，可能会对社会的精神文明建设产生不利影响，甚至导致评价上的形而上学错误。因此，评价应重视教育的整体效果，全面分析其在社会功能和实际表现上的成就。

4. 动态性

思想政治教育的评价指标需要根据社会环境的发展持续更新和进化，因此它们天然具有动态性。这一特征在以下几个方面表现尤为明显：①评价的动态过程。评价本身是一个动态的活动，它涉及对思想政治教育的目标、指标、方法和反馈等方面的持续分析。在思想政治教育评价中，采用多种评价方法可以实现对教育效果的连续监控和分析。②持续的完善。思想政治教育的评价不可能一蹴而就，它需要在评价过程中根据实际情况不断地调整和完善教育指标。评价者需针对教育的动态变化，对评价标准和流程进行实时更新，以确保评价活动的时效性和准确性。③与教育效果同步。思想政治教育的成效往往不会立即显现，需要经过一定时间的积累和发展才能完全体现。因此，评价不能仅限于某一时段，而应通过持续的跟踪和周期性评价来掌握教育效果的长期变化和发展趋势。这种动态评价机制确保思想政治教育可以灵活应对社会变化，及时调整教育策略和内容，从而有效增强教育的实际成效和社会适应性。

（三）思想政治教育评价的重要性

思想政治教育评价在整个教育过程中占据着至关重要的位置，其作用可以从以下三个方面进行详细说明：

1. 评价作为教育的核心环节

思想政治教育的过程包含几个关键步骤：第一步，明确教育的具体目标，选择合适的教育内容，制订详细的执行计划，以及确定实施的方法和手段。第二步，根据这些准备工作对教育对象施加影响，引导他们实践教育的目标和要求。第三步，接收教育对象的反馈，这些反馈是对教育内容的理解和吸收。第四步，进行思想政治教育的效果评价和社会影响分析。这些步骤相互依赖，缺一不可。特别是评价环节，它不仅能帮助了解前三个步骤的具体实施情况，而且确保能从中吸取教训，优化未来的教育活动。

2. 评价促进理论体系的科学化

从系统论视角来看，思想政治教育本质上是一个复杂的控制系统，个体或群体的影响力需要通过系统的整合才能显现。在这种框架下，评价不仅仅是对教育活动的回顾，它也应是对整个教育系统效果的再评价。正确的思想政治教育评价应当建立在科学的基础上，对教育理论体系进行全面审视和整理，确保教育活动的理论支撑是充分且有效的。

3. 评价增强教育活动的有效性

思想政治教育评价的目标是全面判断教育的社会效果和个体效果，区分其有效性及存在的问题。通过这种区分，教育活动能够更清晰地识别每个环节可能出现的问题和效应，从而全面提高系统的效能。这不仅促进了教育成效的增强，也使得每个环节的成功可被复制和错误得到及时纠正，实现思想政治教育质量的全面提升。

综上所述，思想政治教育评价是优化教育实践、强化理论基础、提升教育成效的关键环节，其重要性不可忽视。

二、思想政治教育评价的内容

（一）思想政治教育目标与内容的评价

思想政治教育的有效性与其目标设定紧密相关。目标设定对于思想政治教育的成功至关重要，因为适当的目标可以引导整个教育过程，确保所有教育活动都朝着共同的终点前进。如果目标设定过高、过远或过于抽象，教育工作者和受教育者可能会因难以理解或达成这些目标而感到挫败，从而导致教育效果的大幅度下降。例如，将"培养具有全球视野的领导者"作为短期内的教育目标，不仅难以具体操作，也难以在短时间内评价其成效，因为这样的目标需要长期累积和多方位的教育资源配合。

相反，如果目标过于具体，如"学习特定的政治理论知识点"，则可能会导致评价范围过窄，忽略了思想政治教育在培养学生批判性思维、解决问题能力等其他重要方面的作用。过于狭窄的目标设定不仅限制了教育的广度和深度，也可能导致教育成果的片面性，无法全面反映学生的实际学习效果和思想政治素质的提高。

因此，目标设定应当是明确且具体的，同时要与思想政治教育的实际操作紧密结合，确保这些目标既具有挑战性，也能够被实际操作和评价。明确具体的目标设定有助于教育工作者清楚地理解教育的最终目的，制订出符合教育要求的教学计划和活动，也便于根据这些具体目标来评价教育的效果。

这种目标设定要求教育工作者不仅要对思想政治教育的理论有深入的理解，还要对教育实施过程中的具体情况有实时的观察和细致的分析能力。他们需要收集相关的教育数据，如学生的学习进度、反馈、参与度及其在具体活动中的表现等信息，然后将这些数据应用于评价工作中，分析教育目标的实现程度以及可能存在的问题。通过这种方式，教育工作者可以不断调整教育策略和方法，确保思想政治教育活动能够高效、精准地实施，最终达到预定的教育效果。

（二）思想政治教育实施途径与方法的评价

思想政治教育的途径和方法对于实现教育目标具有决定性作用。正确选择和应用这些途径和方法能直接影响教育的最终成效，因此，对教育实施手段的评价不仅是优化教育过程的需求，更是深入理解和提升人才培养效果的关键环节。

首先，采用符合学生需求和社会期望的教育方法是增强思想政治教育效果的基础。教育手段如果单一或者过时，将难以激发学生的学习兴趣和思考能力，反之，生动活泼和多样化的教育手段能够更好地吸引学生参与，增强学习的互动性和趣味性，从而有效提高思想政治教育的吸引力和教育深度。

例如，采用案例分析、角色扮演、小组讨论等互动性强的教学方法可以让学生在参与中学习政治理论，通过实际操作来深化对政治理论的理解和认识。此外，将新媒体技术如视频、博客和社交媒体融入教育活动中，不仅能够拓宽教育的途径，还能使教育内容更加丰富多彩，更贴近学生的生活实际，增强教育的实时性和互动性。

因此，对教育方法的评价需要持续进行，不断地根据学生反馈和社会变化来调整和改进。这一评价的支持极为必要，它确保了教育活动能够依托有效的教育手段，在正确的轨道上高效运行。通过定期的评价，教育者可以了解各种教育方法的实际效果，评价它们在不同教育环境和学生群体中的适用性和影响力，从而作出相应的调整，优化教育策略，提高思想政治教育的整体质量和效果。

综上所述，采用多样化和生动活泼的教学方法，并对这些方法进行科学合理的评价，是确保思想政治教育成功实施的重要保障。这不仅有助于提升学生的学习效率和教育满意度，也促进了教育内容与学生实际需求的有效对接，进一步增强了思想政治教育的社会影响力和教育深度。

（三）思想政治教育的社会效应评价

单从效果性质评价思想政治教育的有效性，可能无法完全揭示其对社会的广泛影响。仅考虑教育活动是否达到了预设的学习目标或改变了学生的某些思想观点，并不足以全面评价思想政治教育在更广泛社会文化、经济和政治发展中的角色和影响。因此，教育评价必须超越课堂和教材，深入探讨思想政治教育与社会发展之间的密切联系。

思想政治教育的核心目的不仅是传授知识，更重要的是培养能够积极参与社会发展，具备良好政治素养和社会责任感的公民。这要求教育评价工作不只停留在学生表现的表层分析，而应深究教育对学生长远行为模式、价值观形成及其社会参与度的影响。例如，评价不仅应关注学生对政治理论的掌握程度，更应评价他们如何将这些理论应用于实际社会问题解决中，以及这种应用如何促进社会正义和进步。

全面评价思想政治教育的社会支持作用涉及多个方面：首先是教育如何增强学生的社会责任感和公民意识，其次是教育如何帮助学生形成正确的社会和政治态度，最后是教育如何促进社会整体的文明进步和社会稳定。只有当思想政治教育在这些方面都发挥出显著作用时，才能够说它对社会有重大的正面效应。

因此，从促进社会发展的角度来评价思想政治教育的效果，是确认教育工作高效性的关键。这种评价不仅能帮助教育者和政策制定者了解教育活动的直接成果，还能促使他们洞察这些教育活动如何在更宏观的层面上影响和塑造社会发展的趋势。这样的评价方法能够更全面地反映思想政治教育的实际价值和社会功能，确保教育投入能够产生最大的社会回报。

（四）对思想政治教育领导、管理部门的评价

思想政治教育与组织领导的有效配合主要表现在以下几个方面：

1. 领导的重视程度

领导对思想政治教育的重视是决定其效果的关键因素。这种重视不仅反映在领导

是否制定了支持思想政治教育的长期战略和具体决策上，还包括是否采取科学的指导方法以及是否持续支持教育实践。因此，评价时需要考量领导是否能够从专业技能与思想政治素质的结合出发，全面推动人才培养工作。

2. 管理制度与监督机制

有效的管理制度和严密的监督机制是确保思想政治教育顺利进行的基础。评价应聚焦于领导部门是否构建了合理的管理和监督体系，以及这些体系是否针对思想政治教育的需求进行了适当的调整和优化。

3. 管理制度的执行情况

在思想政治教育的实施过程中，领导者和管理部门应确立清晰的执行模式，有效指导教育活动，并组织相关人员定期总结经验，以提升教育的实际成效。这包括如何确保政策的连贯执行和如何调整策略以应对新的教育挑战。

4. 相关领导的态度与作风

领导部门的工作态度和作风直接影响思想政治教育的质量和效果。评价中需考察领导是否展现了正直和责任感，以及他们对教育管理的深入程度和执着精神。

思想政治教育的领导工作质量不仅影响教育本身的效果，还对教育的社会影响产生深远影响。因此，各级领导部门必须高度重视思想政治教育，从战略层面加强领导与管理，确保教育活动的每一个环节都受到适当的关注和支持。如果领导层未能有效重视思想政治教育的实际成效，那么实施高质量的教育工作将无从谈起。

最后，一个科学的思想政治教育评价体系对于确保教育工作客观、系统地推进至关重要。这一体系应基于客观性原则构建，按照既定的步骤周期性地执行，与教育创新密切结合，不仅反映创新的成果，还应为未来的教育工作提供指导和策略。

（五）思想政治教育效果的评价

思想政治教育评价的有效性可以通过其产生的具体效果来判断。有效的效果是指该效果能够对社会和个体产生积极的影响。若无任何积极影响，则认为是无效果；若产生负面影响，则视为负效果。具体来说，如果思想政治教育实现了既定的目标，那么就认为其具有积极的效果。在实际操作中，效果的评价应该按照不同的层次进行，如"非常有效""有效""基本有效"等级别。当评价的对象在素质和技能上满足预期，并且能够带来正向的社会效益时，通常被认为是有效或非常有效的。

对于思想政治教育效果的评价，应当深入考虑其表现的多样性和复杂性：

1. 暂时效果与长久效果

暂时效果指在特定范围和时间内对某些问题的短期解决，这类效果通常是短暂并且容易消失的。长久效果则是指能够在学生心中根植深远的专业态度和精神的转变，从而基本上改变学生对专业的看法和行为，这种影响具有持久性和根本性。

2. 精神效果与物质效果

精神效果通过思想政治教育，转变人们的专业观念和精神，从而影响学生的专业素质，这种变化可能是正面的也可能是负面的。物质效果在提升了学生的专业素质和精神之后，这些变化转化为能够创造物质财富和精神财富的实际能力，从而推动社会进步。反之，如果专业技能和精神状态颓废，可能会对社会的和谐发展产生阻碍。

3. 直接效果与间接效果

直接效果是指通过教育直接触发的显著变化，如专业培训的立竿见影的成果。间接效果虽然高等专业培训可能未立即改变思想政治教育的目标态度，但在学生的专业性和技能上却发生了本质的提升，这种变化是间接且潜在的。随着时间的推进，这些潜在的改变有可能转化为直接和现实的成效。

综上所述，对思想政治教育的评价应综合考虑其短期和长期效果、精神与物质影响，以及直接与间接的成果，以全面理解其对个体和社会的深远影响。

第二节　评价的原则与标准

在新时代大学生思想政治教育中，确立恰当的评价原则和标准是确保教育质量和效果的关键。随着社会的快速发展和价值观的多样化，大学生作为未来社会的主力军，他们的思想政治教育尤为重要。因此，设置科学合理的评价原则和标准，不仅有助于准确反映教育活动的成效，还能引导教育实践更加贴近学生的实际需要和社会发展趋势。

评价原则是指在进行思想政治教育评价时应遵循的基本规则和准则，它们包括科学性、客观性、全面性和教育性。科学性原则要求评价方法和内容具有理论和实践的依据；客观性原则强调评价过程的公正无偏；全面性原则要求评价要全面覆盖教育的各个方面；教育性原则强调评价结果的反馈应具有促进学生发展的作用。

一、评价原则

（一）公正性原则

公正性是评价过程中最基本的要求，它要求评价者保持中立，评价过程公开透明。为了实现这一点，可以采取以下措施：

（1）评价者的中立性

确保评价者没有与被评价对象的直接利益冲突。这可以通过建立一个由多方参与的评价团队来实现，团队成员应来自不同的背景和专业领域，以减少偏见和单一视角的影响。选择团队成员时，应特别注意包括不同性别、年龄、民族和学术背景的人员，从而增强评价的多样性和包容性。此外，定期轮换评价团队成员也有助于防止权力滥用和利益纠葛。

（2）评价过程的透明性

所有评价标准和流程都应公开透明，让所有利益相关者都能清楚地理解评价的标准和过程。这不仅有助于提高评价的接受度，还能促进评价结果的公正性。为此，可以通过教育机构的官方网站或公告板定期发布评价标准的更新和评价结果。此外，开放研讨会和反馈会，让学生和教师等直接参与评价过程的讨论和监督，也是提升透明度的有效方式。

（3）评价方法的客观性

采用科学合理的评价方法，如多元化评价工具和量化指标，以减少主观偏差。例如，除了传统的书面考试和口头答辩外，还可以引入同行评审、自我评估和案例分析等多种评价形式。这样的混合评价方法有助于全面评估学生的学术表现和思想政治素质。

（4）反馈机制的建立

建立有效的反馈机制，确保评价过程中的问题能够及时发现并得到解决。这包括为学生和教职工提供反馈渠道，如匿名投诉箱或在线反馈系统，以及定期审查和调整评价方法和标准。

通过这些措施,不仅可以确保评价过程的公正性,还能提升评价体系的透明度和可信度,从而促进思想政治教育的有效实施和持续改进。

(二) 系统性原则

评价系统的设计需要全面,确保涵盖教育活动的所有重要方面。这包括:

(1) 多维度评价

评价不仅仅聚焦于学生的知识掌握程度,还应涵盖技能、态度、行为变化等多个维度。这意味着评价系统应能够评估学生的批判性思维能力、团队合作精神、领导能力以及道德和社会责任感。例如,通过案例研究、项目任务和团队活动,可以有效地评估这些软技能和非认知能力。

(2) 全面覆盖

确保评价内容覆盖教育活动的每一个环节,从教学内容到教学方法,再到学生反应和学习成果。这需要构建一个包含课前准备、课程交付、学习互动和课后评估的连续性框架。例如,可以通过在线学习平台收集学生对教学内容的即时反馈,使用学生学习的数字足迹来监控其学习过程和成效,从而实现对整个教学活动的全面评价。

(3) 连续性和阶段性

评价系统应当具有连续性,能够在整个教育周期中持续跟踪学生的进步,并及时调整教学策略。同时,应该设置具体的评价阶段,比如学期初、中、末,这样可以更系统地收集和分析数据,对教育活动进行阶段性评估和总结。

(4) 包容性与差异性考虑

在设计评价系统时,还应充分考虑学生的多样性和个体差异。这意味着评价方法和工具应当灵活多样,能够适应不同学生的学习风格和需求。例如,为视觉学习者提供图形化的评价工具,为实践型学习者设计更多的操作和实践评价环节。

(5) 反馈和改进机制

评价系统还应包括一个有效的反馈机制,以便教师和学生可以从评价结果中获得具体的学习或教学改进建议。通过定期的评价反馈会议和在线反馈系统,可以确保评价结果被及时传达并且被有效地用于教育质量的持续提升。

通过这样全面和系统的评价设计,可以确保教育评价不仅是对学生学术成就的测量,而是一个多维度、全周期、高适应性的教育质量保障系统,真正达到提升教育教学质量和效果的目标。

（三）科学性原则

在大学生思想政治教育评价中，遵循科学性原则是确保评价有效性和可靠性的关键。科学性原则要求教育者和评价者使用经过验证的工具和方法，确保收集到的数据具有高度的可靠性和准确性。以下是实现科学性原则的具体措施。

1. 采用验证的评价工具

选择经过严格学术验证的评价工具是确保评价结果科学性的基础。例如，使用标准化测试来评估学生对特定政治理论的理解程度，或使用发展的评估量表来测量学生的价值观认同和行为表现。这些工具通常经过多轮研究和试验，能有效地减少偏见和误差，提供可靠的评价结果。

在选择工具时，应考虑其适用性，确保所选工具能够准确测量目标变量，且适合评价的学生群体和文化背景。

2. 数据分析方法

科学地处理和分析收集到的数据是确保评价结果准确性的重要环节。运用统计分析方法，如描述性统计、相关性分析或回归分析等，可以帮助教育者从数据中提取有意义的信息，有效地评估教育活动的成效和学生的学习进展。

数据分析不仅需要技术能力，也需要对数据进行适当的解释。这要求评价者具备一定的统计知识和实践经验，能够识别和解释数据中可能存在的模式和趋势。

3. 确保数据的可靠性和准确性

在收集和分析数据的过程中，应采取措施保证数据的完整性和保密性。例如，使用安全的数据存储和传输技术，确保参与评价的学生和教育者的个人信息安全。

对数据进行定期的质量检查，确保收集的信息无误，数据输入准确无误，评价过程中的任何偏差都应及时纠正，以保持评价结果的科学性和公正性。

遵循科学性原则进行大学生思想政治教育评价，不仅能够提升评价的质量和效果，还能提升评价结果的可信度，为后续教育决策提供坚实的数据支持。这种方法论的严谨性也有助于推动教育研究的深入和教育实践的创新。

（四）持续性原则

持续性原则在大学生思想政治教育评价中起着核心作用，它确保评价不仅仅是一次性活动的总结，而是一个持续的过程，目的在于不断改进和调整教育方法和活动。这种持续的评价体系有助于适应教育需求的变化，及时调整策略以应对新挑战。以下是实施持续性评价的一些具体方法。

1. 定期评价

定期对思想政治教育活动进行评价是持续性评价的关键组成部分。这可以按季度、学期或年度进行，根据评价结果来调整教育计划和内容。定期评价帮助教育者捕捉到教育活动中的持续趋势和突发变化，从而作出相应的调整。

定期评价应涵盖广泛的指标，包括学生的知识掌握情况、态度变化、行为表现以及批判性思维能力等。这些指标的综合分析可以为教育活动的改进提供数据支持和决策基础。

2. 持续反馈

建立一个有效的反馈机制是实现持续性评价的重要方式。这个机制应该允许学生、教师、家长以及其他利益相关者在任何时候都能提供反馈。例如，可以通过在线调查、反馈箱、定期会议或社交媒体平台来收集反馈。

反馈应被视为一种宝贵的资源，用于指导未来教育活动的设计和实施。教育者需定期分析收集到的反馈，识别常见问题和改进点，并根据这些反馈调整教学方法和课程内容。

3. 动态调整

教育活动和策略的动态调整是持续性评价的自然结果。根据定期评价和持续反馈的结果，教育者应及时调整教学策略和课程内容，以更好地满足学生的学习需要和响应教育环境的变化。

动态调整也包括对教育工具和资源的更新，确保使用最有效的教学材料和方法，提高教育活动的整体质量和效果。

通过这种持续性的评价和反馈循环，思想政治教育可以变得更加灵活和适应性强，能够有效应对快速变化的教育需求和挑战，确保教育活动始终保持高效和相关性。

通过实施这些原则，大学生思想政治教育的评价不仅更加公正、全面、科学和持续，还能够有效地促进教育质量的提升和教育目标的实现。这种评价机制的建立有助于形成一个自我完善的教育环境，持续提升教育效果。

二、评价标准

为了确保大学生思想政治教育的效果，制定一套全面的评价标准是至关重要的。这些标准不仅衡量学生在知识掌握上的成效，还涵盖了态度、行为以及思维能力的评估。以下是具体的评价标准细节。

（一）知识掌握标准

在思想政治教育中，评价学生的知识掌握是核心环节。以下是具体的标准，涉及基本概念的理解、理论框架的掌握以及实际应用能力。

（1）基本概念的理解

学生应能准确理解和描述政治理论中的基本概念，如民主、法治、公正等。这不仅包括对概念的字面理解，还应包括对其哲学和历史背景的认识，以及这些概念在不同政治体制和文化中的变异。评价可以通过定义解释、案例分析和对比讨论等方式进行，确保学生能够全面且深入地理解这些基本概念。

（2）理论框架的掌握

学生应能够阐述主要政治理论的框架和原则，如马克思主义、社会主义基本原则等，并能够解释这些理论的历史发展和现代意义。这要求学生不仅要记住理论的主要观点，还要理解理论之间的联系和区别，以及它们如何随时间和社会变迁而发展。通过论文撰写、讨论小组和模拟辩论等多样化的评价方法，可以深入评估学生对复杂理论框架的掌握程度。

（3）实际应用能力

学生应能将理论知识应用于分析当代政治、经济、社会问题，提出基于理论的见解和解决方案。这一标准要求学生能够跨越理论与实践的界限，使用理论工具主动解析现实问题。例如，通过案例研究、策略报告和政策设计，学生可以展示如何将理论应用于实际问题解决中，如分析某国的政治动态、经济策略或社会变革等。

这些标准的设定旨在培养学生的批判性思维能力和独立分析能力，使他们不仅成为理论的学习者，也是问题的解决者。通过这种方式，思想政治教育不仅传授知识，更重在激发学生的实际操作能力和社会责任感。

（二）态度和价值观标准

在大学生思想政治教育中，塑造和评估学生的态度及价值观是一个至关重要的环节。这不仅关乎学生对社会主义核心价值观的理解和接受，更重要的是他们将这些价值观如何融入自己的日常生活和行为中。以下是详细的价值观认同和内化的评价标准。

1. 价值观认同

学生在参与课堂讨论、写作作业或其他互动活动时，应能清晰地表达对社会主义核心价值观的理解和支持。例如，在讨论国家发展策略或分析历史事件时，学生应能够引用并支持诚实、公正、法治等原则。

在模拟活动或角色扮演中，学生应展示出他们对这些价值观的认同，例如在模拟法庭或议会辩论中秉持公正和法治精神。

2. 价值观内化

价值观的内化表现在学生的日常行为和决策中，应自然地体现这些核心价值。例如，在团队项目中，学生应能展示团结合作的精神，积极协作解决问题，尊重并欣赏团队成员的贡献。

在面对个人利益与公共利益冲突的情况下，学生的行为选择应体现诚信和责任感。例如，当有机会在考试中作弊而不被发现时，学生选择坚守诚信，不采取不正当手段，展现个人品德和价值观的坚持。

在处理日常冲突或选择时，学生应能展现对公正、平等的承诺，例如在分配资源或评价他人贡献时公平处理，不因个人好恶影响决策。

通过这些具体的评价标准，教育者可以更准确地衡量和理解学生对社会主义核心价值观的认同程度及其价值观的内化情况。这不仅有助于指导学生在个人成长道路上的进步，也是他们作为未来社会成员的重要基石。这种评价还强调了教育的目的不仅仅是传授知识，更重要的是培养学生成为具有良好道德观和社会责任感的人。

（三）行为表现标准

评价学生的行为表现是理论教育成效的重要体现，涉及学生如何将所学知识应用于实际行为和日常生活中。以下详细介绍行为表现的两个主要标准：社会实践表现和公民行为。

（1）社会实践表现

学生应积极参与社会实践活动，如志愿服务、社区支持等，并在这些活动中展现出良好的责任感和公民意识。这不仅反映了学生的社会参与度，也是其价值观和责任感的体现。例如，学生可以参与环境保护项目、支教活动或社区疫情防控，这些活动能够帮助学生将理论知识转化为实际行动。评价时，可以考量学生的参与度、主动性以及在活动中的领导力和团队协作能力。

（2）公民行为

在公共场合和社会互动中，学生应表现出遵守法律、尊重他人和公共道德的行为。这包括但不限于日常生活中对社会规则的遵守、在社交媒体上的文明表达以及在公共讨论中的理性发言。例如，学生在校园内外的行为会被观察，包括他们如何处理与同学、教师和社区成员的冲突，以及他们在面对挑战时是否能坚持正直和道德原则。通过行为观察、同伴评价和自我评估，可以全面评估学生的公民行为表现。

为了更好地执行这些标准，学校可以组织定期的行为表现反馈会议，与学生讨论他们在这些方面的表现和进步空间。同时，学校也可以设立激励机制，比如表彰大会或道德模范称号，以奖励那些在社会实践和公民行为上表现突出的学生。这种正面的反馈和认可可以进一步激励学生在行为表现上持续改进和发展。

（四）创新与批判性思维标准

在当今迅速变化的社会环境中，创新思维和批判性分析能力是大学生必须具备的重要能力。这些能力不仅有助于学生在学术和职业领域取得成功，也是他们作为有责任感的公民参与社会事务的关键。以下是详细的创新与批判性思维评价标准。

1. 创新思维

在面对复杂问题和项目开发时，学生应能够跳出传统框架，提出创新的观点和解决方案。这不仅体现在学术课题和实验中，也应包括日常问题解决中的创造性思考。

教育者可以通过设计特定的课程活动来评估学生的创新能力，如通过设计思维工作坊、创新挑战赛或多学科项目合作，让学生在实践中运用和发展他们的创新思维。

学生的创新表现可以通过他们能否整合跨学科知识，运用新技术或提出改变现状的策略来衡量。

2. 批判性分析能力

学生应具备批判性地分析社会现象、学术论文和理论声明的能力。这包括能够识别论点的假设和逻辑漏洞，对数据进行分析评估，以及从多个角度审视问题。

在课程讨论、论文写作和演讲中，学生应展示他们的批判性分析能力。例如，教育者可以提供具有争议性的话题或复杂的社会问题，要求学生进行深入分析并提出基于证据的观点和解决策略。

学生的批判性分析能力也可以通过他们在接受反馈和进行自我反思时的表现来评估，观察他们是否能从批评中学习并对自己的工作进行改进。

通过明确的评价标准，教育者可以有效地促进学生在创新思维和批判性分析能力方面的成长。这些能力的培养不仅有助于学生的个人发展，还为他们将来在职业和社会中发挥积极作用提供了坚实的基础。通过这些评价标准，教育者可以全面地评估大学生在思想政治教育方面的进步和成效，确保教育活动能够实现既定的教育目标，促进学生的全面发展。这些标准不仅有助于指导教学活动的设计和实施，还为学生提供了明确的成长和学习目标。

三、标准的设计与实施

在思想政治教育中，评价标准的设计与实施是确保教育质量的关键。以下内容将围绕标准的制定过程、多元化标准的应用以及标准的实施与监控三个方面进行详细探讨。

（一）标准的制定过程

制定评价标准的过程是一个多维度、多参与者的协作过程，旨在确保评价体系能够全面覆盖并促进教育目标的实现。这些标准需要与国家的发展目标和社会价值观相一致，同时必须反映出学生的成长需求和社会发展趋势。为达成这一目的，教育者、学者以及政策制定者需联合参与，通过举办研讨会、发放问卷调查等多种方式广泛征集各方意见，以确保评价标准的科学性、合理性和前瞻性。在具体标准设定时，应涵盖如批判性思维和道德判断能力等关键能力，旨在全方位培养学生的综合素质，从而适应未来复杂多变的社会环境。

（二）多元化标准的应用

随着教育体系的多样化，引入多元化的评价标准变得尤为重要，以适应不同学科特性和学生个体之间的差异。这种评价方法不仅关注文科学生在分析和表达上的能力，也强调理科学生的逻辑和实验技能。此外，艺术和体育等特殊领域的学生评价标准则可能集中于创造力、身体协调性和表演技巧。通过这样的细致区分，教育者能够为每位学生提供更加个性化的教育路径和成长评估，确保每个学生的才能和努力都能得到公正的认可和适当的激励，从而促进他们在各自领域的全面和均衡发展。

（三）标准的实施与监控

标准的实施与监控是教育质量保障体系中的核心环节，它要求教育机构在动态的教学环境中持续调整和优化教育标准。为确保标准的有效性，必须通过多种方式进行持续的监控和评估。这包括定期的教育评估来量化教学成果，收集学生的直接反馈以评估教学方法的接受度和效果，以及通过教师的日常观察来获取教学活动的实时信息。此外，设立专门的评估小组来负责这些任务是至关重要的，该小组不仅监控标准的执行情况，还需根据收集到的数据和反馈调整教育策略和评价方法。在这一过程中，现代信息技术的应用，如数据分析工具和在线反馈系统，成为支持这一复杂任务的强大工具，它们可以提高数据处理的效率和评估的准确性，从而确保教育标准的实施既科学又合理。

通过这样的设计与实施过程，不仅可以确保评价标准的科学性和实用性，还能通过持续的监控和调整，有效提升大学生思想政治教育的质量和效果。

第三节　评价的程序与方法

在新时代的大学生思想政治教育中，评价程序与方法扮演着核心的角色。正确的评价不仅能够衡量教育活动的成效，还能指导未来的教育方向与改进措施，因此它对于确保教育质量和效果至关重要。有效的评价方法可以帮助教育者了解教育活动的成效，评估学生对思想政治理论的掌握程度，以及他们在实际生活中的应用能力。

一、评价程序的设计

设计一个有效的评价程序是确保大学生思想政治教育成效的关键。评价程序不仅需要系统地规划和执行,还需要对结果进行有效的反馈和调整,以确保教育目标的实现和教育质量的持续提升。以下是详细的评价程序设计步骤。

(一) 评价计划的制订

1. 确订评价目标

在制定思想政治教育的评价计划时,明确评价目标是首要步骤。这些目标必须紧密联系教育的核心目的,并应具体到可以量化或清晰评估的程度。评价目标的设定应覆盖以下几个关键领域。

(1) 政治理论理解

评价学生对于政治理论的深度理解,包括他们如何解释和应用这些理论来分析现实世界的问题。

(2) 价值观认同与内化

评估学生对社会主义核心价值观的接受程度,以及他们如何将这些价值观体现在日常行为和决策中。

(3) 批判性思维

测量学生分析、评价和创造性解决问题的能力,特别是在面对复杂社会和政治问题时的表现。

(4) 社会实践能力

考核学生将理论知识应用于实际社会实践中的能力,包括参与社会服务、组织活动等实际操作。

2. 涉及的利益相关者

确定参与评价过程的利益相关者对于确保评价结果的广泛接受和实用性至关重要。这些相关者包括:

(1) 教师

作为教育实施的直接责任人,教师对学生的表现有深刻的见解,能提供关于学生学习进度和理解深度的宝贵反馈。

（2）学生

作为教育活动的直接受益者，学生的反馈对评价教育活动的有效性至关重要。

（3）教育行政人员

他们可以提供宏观的教育政策导向和支持，确保评价标准与教育政策一致。

（4）外部专家

如学术研究者或行业专家，他们可以引入新的视角，增加评价的深度和广度，确保评价方法的科学性和时代性。

3. 时间框架

合理的时间规划是实施评价的基础，确保评价活动能够系统地完成，并在适当的时候进行反馈和调整。时间框架的制定应考虑以下因素：

（1）评价起始和结束时间

这决定了评价活动的总周期，需要足够的时间来准备、执行和分析评价结果。

（2）关键活动的时间节点

如数据收集、中期检查、最终评估报告的提交等，每个关键活动的时间节点都应明确，以保持整个评价过程的连贯性和效率。

通过这些详细的步骤，思想政治教育的评价计划可以更精确地实施，确保教育活动能达到预期的教育效果，也为未来的教育提供改进的依据。

（二）评价实施步骤

在大学生思想政治教育评价的实施过程中，确保评价的系统性和科学性至关重要。以下是详细的评价实施步骤。

1. 数据收集

评价过程首先从依据明确设定的评价目标来收集相关数据开始。数据收集方法应多样化，包括但不限于问卷调查、结构化或半结构化的面试、直接观察以及分析教育活动的直接产出。例如，问卷调查可以广泛收集学生对特定政治理论的理解和看法；面试则能深入探索学生的个人价值观和思考模式；观察记录则提供学生行为表现的直接证据。选择合适的数据收集方法是确保数据质量和后续分析准确性的基础。

2. 数据处理

收集到的数据需要通过科学方法进行严格整理和分析。常用的统计软件如 SPSS 和 Excel 可以在这一步骤中发挥重要作用。通过这些工具，研究者可以对数据进行清洗、排序和基本的统计分析，识别数据中的主要趋势和模式。此步骤的有效执行是确保分析结果准确可靠的前提，为最终的结果解释提供坚实基础。

3. 结果分析

最后一步是对处理后的数据进行深入分析，并将分析结果与初设的评价目标进行对比。这一阶段需要评价者综合运用定量分析和定性解读的技能，从多个角度审视数据，评估教育活动的整体成效以及学生的具体学习成果。结果分析不仅要查看教育活动是否达到既定目标，还要探索哪些方法最有效，哪些需要改进。此外，这一过程通常需要多方参与，包括教育者、学者和政策制定者的讨论和反馈，以确保对结果的全面理解和正确应用。

通过这些详尽的步骤，思想政治教育的评价可以更为系统和科学，不仅有助于提升教育的质量，还能确保学生能在思想政治教育中获得有意义的学习经验和成长。

（三）反馈与调整

在思想政治教育中，进行有效的结果反馈至关重要。首先，将评价结果具体且明确地反馈给所有利益相关者，包括学生和教师，是增强教育成效的关键一步。这种反馈不仅应包括详细的成绩分析，还应提供针对性的改进建议或对优秀表现的明确肯定，从而激励学生和教师朝着更高目标努力。

接着，基于评价结果的深入分析，教育者需要调整教育策略和教学方法。这可能涉及多方面的调整，如修改课程内容以填补知识空白，采用更互动的教学方式来增强学生参与度，或者优化评估方法以更准确地衡量学生的理解和应用能力。目的是确保教育活动更有效地达到预设的教育目标，并能针对评价中发现的具体问题提出解决方案。

最后，反馈与调整应当被视为一个持续的循环过程，而非一次性任务。教育部门应定期回顾和更新评价计划，以确保教育实践能够不断适应学生需求、技术进步和社会环境的变化。通过这种持续的改进，可以逐步提升教育质量，实现长期的教育目标。

这种循环性的过程不仅有助于识别和纠正问题，也为创新提供了空间，从而推动思想政治教育在效果和方法上的持续进步。

通过这样一个详细且系统的评价程序，思想政治教育可以更精确地监控其效果，并根据实际情况作出必要的调整，最终实现教育的持续改进和学生素质的全面提升。

二、思想政治教育评价的方法

方法论是实现思想政治教育目标的关键桥梁。没有科学和系统的方法，思想政治教育评价的目标是无法实现的。因此，深入研究思想政治教育评价的方法对于达成教育目标至关重要。根据历史经验，思想政治教育评价的方法主要包括：

（一）比较法

比较法是一种系统的研究方法，广泛应用于自然科学和社会科学领域。该方法通过对比不同事物的相似之处和差异，从而得出科学的结论。

在思想政治教育评价中，比较法是极为常见的工具。从比较的对象来看，可以分为单项比较和多项比较。单项比较关注单一变量的不同实例，而多项比较则涉及多个变量或条件的对比分析。

从比较的方向来看，可以分为横向比较和纵向比较。纵向比较侧重于时间序列上的分析，评价同一事物在不同时间点的表现，以观察其变化和发展趋势。例如，可以对一个连续阶段内思想政治教育的成效进行评价，比较不同时间段的教育成果和变化，从而评价整个教育活动的效果。横向比较则更为复杂，需要选定若干具有可比性的对象或单位，通过综合分析的方法，研究不同个体或群体在思想政治教育中的表现。这种比较不仅可以覆盖同一时间点的不同对象，也可以扩展至不同地区或不同类型的教育实体。

进一步，思想政治教育评价的比较可以分为宏观比较和微观比较。宏观比较从整体层面审视思想政治教育的普遍状况，涉及广泛的数据和多个评价维度。微观比较则专注于具体个案或局部现象，提供更深入的洞察。

综上所述，比较法的运用涵盖了思想政治教育的多个方面，是评价工作中不可或缺的一种方法。这种方法不仅帮助评价者全面理解教育成果，也是精细调整教育策略的基础。

（二）分析和综合的方法

分析和综合方法，通常涉及日常使用的归纳和推理技巧。这两种思维方式都基于将研究对象的不同特征明确分析出来，并据此进行归纳总结。这样的方法能够基于多个单独事实提炼出更加一般性的结论。分析方法本质上是一种将事物和现象分解，以探究其基础构成和本质的思维过程。而综合方法则是将这些分解后的基本部分和本质特征重新组合，形成对整体的理解。

在思想政治教育评价领域，进行全面的辩证分析是必不可少的。这意味着思想政治教育的整体结构可以通过评价的各个具体要素分解成多个部分，这包括教育的目的、动机、内容和方法等，进行详细的一般化分析。接下来，基于思想政治教育产生的具体成效和社会影响来分析其效果。因此，分析和综合的方法不仅需要识别和评价思想政治教育的成就和有效性，还要揭示其不足、教训及无效性方面。这包括对思想政治教育的核心和主要方面进行深入分析和归纳，而对非核心和次要方面则采用更一般的分析与综合方法。最终，通过这种方式总结得出的结论应形成一个整体性的评价视角，从而全面评价思想政治教育的总体效果。

（三）定量分析的方法

定量分析方法通过使用数据来进行思想政治教育效果的深入和精确评价。单纯的定性描述，如仅判断某种思想政治教育的先进性或落后性，不足以全面评价其效果。因此，进行定量分析变得尤为重要，通过数据进行客观评述，以增强评价的说服力和准确性。定量分析涉及将教育效果的影响和成效进行量化，例如，通过测量和记录数值数据，将效果划分为不同的级别，并据此描述实际的教育实施情况。

需要强调的是，思想政治教育的定量评价应与定性评价相结合，这样才能形成一个全面的、科学的教育评价体系。定量方法和定性方法在思想政治教育评价中是互补的，两者相辅相成。在实施定量评价时，应融入定性分析，以揭示教育的发展趋势和本质特征。定性评价为定量分析提供了必要的背景和框架，帮助解释数字背后的质的变化。

同时，在科学发展的当代，仅了解定性结果是不够的；人们还需通过定量方法来细分和深化对思想政治教育效果的理解。因此，有效的思想政治教育评价必须综合运用定性和定量方法，确保能够从多角度、多维度准确判断教育活动的成效。

（四）定性分析的方法

从思想政治教育的唯物辩证法视角出发，任何事物的本质与其数量表现是相统一的。这里的"质"指的是事物的根本性质，它决定事物的发展趋势和内在的规律性；而"量"则描述事物的发展规模、时间及其变化的程度。在之前的讨论中提到，思想政治教育评价应优先考虑定性分析，即先从质的角度对教育的效用进行基本的方向性评价。

定性分析主要是判断思想政治教育的目标是否通过对教育受众的影响而得到体现，进而确定教育的基本观点和方向。进行思想政治教育的定性评价时，首要任务是明确其产生的社会效用，这一评价基于教育的具体目标。这些目标不仅指导评价的方向，决定着教育成果的正面或负面属性，也是定性评价的出发点。

在定性评价中，通过对比教育目标和实际效果，可以评判思想政治教育的成果是先进还是落后，是进步还是反动。任何与既定教育目标相违背的结果均应视为落后或反动，而与教育目标一致的则认为是先进或进步的。此外，鉴于社会需求的不断发展变化，教育目标本身可能需要适时调整，以确保评价结果能更好地符合社会的实际需求和发展趋势。这种灵活的调整和评价不仅有助于增强教育工作的实用性，也使得评价过程更加贴近社会和时代的需求。

（五）矛盾分析的方法

如前所述，矛盾分析的方法是思想政治教育评价的核心，贯穿于整个教育活动中。思想政治教育中的每个阶段，无论是在目标设定、内容选择、方法应用，还是在效果实现上，均存在不同的矛盾和冲突。运用矛盾分析法来评价思想政治教育的实际情况，首要的是坚持实事求是的原则，真实地反映存在的矛盾。

在实施矛盾分析时，基本的策略是采取两点论的视角：一方面，应肯定思想政治教育中的成就、优点和有益经验，这代表矛盾的积极方面；另一方面，也必须批判性地分析存在的缺陷、错误和教训，这体现了矛盾的消极方面。这种双向分析不仅揭示了教育活动中的正反两面，而且为进一步深入分析提供了基础。

在确立了这种双面观点后，可以从思想政治教育的积极和消极方面出发，围绕其目标、实施状况、教育内容等要素进行全面的评价。在必要时，应考虑调整教育目标以更好地适应当前的实际情况，促进思想政治教育工作的持续发展。

此外，在进行矛盾分析时，还应强调重点论的实践，即在矛盾的分析过程中，应明确区分主要矛盾与次要矛盾，专注于解决主要矛盾。这对于制定正确的教育策略和进行准确的评价至关重要，避免因颠倒主次而导致评价失误。

总之，进行思想政治教育的分析和评价时，评价者应采取辩证的方法，全面、客观地对教育活动进行评价，确保能够真实地反映教育的实际效果和存在的问题。这种方法不仅有助于识别并强化教育活动的积极成分，也能够指出需要改进的领域，从而推动思想政治教育向更加成熟和完善的方向发展。

（六）模拟情景评价法

模拟情景评价方法是一种系统地评价个体思想方向和能力层次的技术。此方法主要通过将个体的思想素质和能力素质拆分为多个评价指标和标准，然后将评价对象置于模拟环境和工作状态中，通过观察和分析其对假设情境的处理方式，进行定量和定性的综合评价，从而确定其素质水平。这种评价方式被广泛应用于干部选拔和人才招聘中，是一种科学的考核方法。

1. 模拟情景评价的准备工作

首先，组建一个评价团队，该团队应包括专家和学生，以保证思想政治教育评价的公正性和广泛性。其次，建立一个专门的模拟评价实验室，进行必要的物理和技术准备，确保模拟方案的实施可行性。最后，根据思想和能力的评价指标体系，为每个指标分配适当的权重，以便于执行精确的定量分析。

2. 模拟情景评价的实施形式和方法

案例处理是一种常见的模拟方法，要求被评价者处理三个或更多的案例，每个案例包含多个具体任务。小组讨论则要求在评价过程中，参与者被分入由不同评价者领导的临时小组，围绕一个或多个主题进行无领导小组讨论，每位成员都有机会自由表达自己的观点和分析。

口试是通过答辩会或模拟接待会等形式对被评价者的思想素质和理论水平进行测试。口试的题目应精心设计，以确保能够有效评价被测试者的能力。

这种多维度的模拟情景评价方法不仅增强了评价的实用性和准确性，而且通过模拟实际情况，更能准确地反映出被评价者的综合素质和实际工作能力。

三、综合性评价模型

随着信息技术的引入，在大学生思想政治教育中，构建一个综合性评估模型是确保评估质量和增强教学效果的关键。这一模型通过结合多种评估方法，旨在全面评价学生的学习成果，不仅关注知识的掌握程度，还包括技能的运用、思维的发展以及价值观的形成。

（一）模型构建

在大学生思想政治教育中，构建一个综合性评估模型是实现高效、全面评估学生学习成效的关键步骤。这一模型的构建过程开始于明确评估的目标和标准，这些目标和标准应旨在全面反映思想政治教育的学习要求，包括理论知识掌握、实践能力培养、批判性思维发展等方面。

接下来，选择合适的评估工具和方法成为构建综合性评估模型的核心环节。不同的评估方法针对不同的学习目标，具有其独特的评价价值。例如，传统的考试和测验主要评估学生对思想政治理论知识的记忆和理解程度，是评价基础知识掌握情况的有效工具。而项目基础评估和案例分析，则更侧重于评价学生将理论知识应用于实际情境中的能力，通过具体项目的完成和案例的深入分析，学生能够展示其解决复杂问题的能力和创新思维。

同行评估和自我评估则引入了学生参与评价的元素，促使学生在评价过程中加强自我反思和相互学习。这不仅有助于培养学生的批判性思维能力，还能增强学生的自主学习意识。此外，日常数据评估通过跟踪学生的学习行为和参与度，为教师提供了评价学生日常表现和学习态度的依据，反映了学生对学习内容的兴趣和主动性。

通过这些评估方法的综合运用，教师能够从知识掌握、能力运用、学习态度等多个维度对学生进行全面评价。这种多元化、综合性的评估模型不仅能够更全面地反映学生的学习成果，还能够激励学生从多角度参与学习过程，促进其全面发展。最终，这种评估模型能够为数字化高校的思想政治教育提供科学、全面的评价支持，帮助教育工作者更有效地指导学生学习，实现教育目标。

(二) 适应性

在大学生思想政治教育中,设计一个具有高度适应性的综合性评估模型对于满足学生多样化的学习风格和需求至关重要。这种评估模型的核心在于其灵活性和包容性,能够根据学生的个性化特征和偏好提供定制化的评估方案。

为了实现这一目标,教师需要在评估模型的设计阶段进行细致的规划和准备。首先,了解学生的学习风格是设计评估模型的基础。学生的学习风格多种多样,有的学生可能偏好视觉学习,他们通过观看图表、视频等视觉材料能够更好地理解和记忆信息;而另一些学生则可能更擅长口头表达,喜欢通过讨论和演讲来学习新知识。因此,教师需要提供多种评估选项,以适应这些不同的学习风格。

例如,对于视觉学习者,教师可以设计一些包含丰富视觉元素的项目,如制作思想政治教育相关的图表分析、视频制作等任务。这不仅能够吸引学生的兴趣,还能够帮助他们通过视觉信息深入理解复杂的政治概念和理论。

对于那些善于口头表达的学生,教师可以设置更多的口头报告、辩论赛和小组讨论等活动。这些活动不仅提供了表达个人观点的机会,还鼓励学生通过言语交流深化对思想政治理论的理解,同时锻炼了他们的公共演讲和团队合作能力。

通过提供这样多样化的评估选项,综合性评估模型能够更好地适应不同学生的学习风格和需求,促进所有学生的全面发展。这种个性化的评估方法不仅能够激发学生的学习热情,还能够增强学习效果,确保每位学生都能在思想政治教育中获得成功和满足。

此外,评估模型还应允许学生根据自己的兴趣和专长选择特定的评估任务,这种灵活性不仅能够激发学生的学习动机,还能够帮助他们发展自己的优势领域。通过个性化的评估设计,综合性评估模型能够更好地适应学生多样化的学习风格和需求,促进学生的全面发展。

第九章　大学生思想政治教育师资队伍建设

在当今快速变化的社会和教育环境中，高校大学生思想政治教育的重要性日益凸显。为了更好地适应新时代的要求，不仅需要更新教育内容和方法，还必须关注和加强师资队伍的建设。师资队伍是实施思想政治教育的关键力量，他们的专业能力和教学质量直接影响教育效果和学生的发展。

第一节　大学生思想政治教育管理队伍建设

大学生思想政治教育在培养合格社会主义建设者和接班人中发挥着不可替代的作用。在这一过程中，管理队伍的质量直接影响思想政治教育的效果和质量。故此，建设一支高素质的思想政治教育管理队伍，对于提高大学生的思想政治素质，培养其正确的价值观、世界观和人生观具有重要意义。大学生思想政治教育管理队伍的重要性体现在其核心作用上。这支队伍是思想政治教育的实施者和传播者，他们的专业能力、教育方法、个人魅力等都直接影响教育的传播效果和学生的接受度。良好的管理队伍能够准确把握教育政策的方向，有效地将思想政治教育内容与学生的实际情况相结合，使教育工作既具有理论深度也有实践意义。

一、大学生思想政治教育管理队伍的作用

大学生思想政治教育管理队伍在培养学生的思想政治素质、引导其正确价值观的形成等方面发挥着不可替代的作用。了解这支队伍的角色与职责以及其作用的具体体现，是确保教育活动有效执行的前提。

（一）管理队伍的基本角色和职责

高校管理队伍的基本角色和职责在思想政治教育的全过程中起着核心的作用。这

一角色可以细分为活动的规划、执行、监督和评价四个关键阶段,每个阶段都对教育活动的成功至关重要。

在规划阶段,管理队伍的主要任务是制定符合国家教育方针和学生实际需求的教育计划。这一过程不仅需要深入分析当前的教育政策和理论,还应考虑到学生的年龄特征、心理发展及社会背景。规划应具有前瞻性和实用性,能够引导学生正确理解和把握社会主义核心价值观,同时激发他们的学习兴趣和参与热情。此外,规划还应包括教育资源的配置,确保所有的活动都有足够的支持以实现既定目标。

执行阶段是将计划转化为实际行动的关键时期。在这一阶段,管理队伍成员需确保所有教育活动严格按照计划进行,这包括课程的教授、讨论会的组织以及相关的实践活动。同时,有效的资源调动也非常关键,管理队伍需要与校内外的各种资源进行有效沟通和协调,如邀请专家学者举办讲座,或与外部教育机构合作举办活动,以丰富教育内容和形式,增强教育效果。

监督阶段则要求管理队伍对教育活动的实施情况进行系统的跟踪和监控。这不仅涉及对活动进展的常规检查,还包括对教学质量的监督和反馈收集。通过及时发现问题并进行调整,可以确保每一项活动都能达到预期目标,也保证学生的安全和权益。

最后,在评价阶段,管理队伍需要对已完成的活动进行全面评估。这一评估应包括活动的达成度、教育效果、参与度以及学生和教师的满意度等多个维度。通过这一阶段的深入分析,管理队伍不仅可以总结出宝贵的经验教训,还可以根据反馈调整和优化未来的教育计划,从而形成一个持续改进和自我完善的教育管理循环。

(二)管理队伍的基本作用

大学生思想政治教育管理队伍在引导思想导向、促进政策实施和形成教育合力中的作用至关重要。管理队伍通过组织和实施各类教育活动,有效地引导学生形成正确的世界观、人生观和价值观。例如,通过讲座、研讨会等形式,向学生传达社会主义核心价值观,引导他们树立正确的历史观、民族观、国家观。这种教育方式不仅帮助学生理解社会主义的基本理论和精神,还激发了他们对国家和民族的认同感与责任感。

在政策实施方面,管理队伍是政策传达的桥梁和纽带,确保中央和地方关于高等教育的政策精准落地。他们负责解读政策意图,将其转化为具体的教育任务和目标,并监督这些政策的执行情况,确保教育活动与国家教育方针保持一致。这种角色使得管理队伍在学校内部具有重要的战略地位，成为连接政策制定者和实际执行者之间的关键纽带。

此外，管理队伍还需要与学校其他部门如学生事务部、心理健康教育中心等形成合力，共同推动校园内外的教育环境建设。这种跨部门的合作不仅能够更有效地响应学生的多样化需求，还能共同创造一个支持学生全面发展的教育生态。例如，通过与学生事务部合作，可以更好地管理学生的日常行为和纪律，营造良好的校园秩序；而与心理健康教育中心的协作，则有助于及时识别和解决学生的心理问题，保障学生的心理健康。

这样的综合协调机制不仅优化了校园的管理效率，也提升了教育活动的综合效果，确保了教育质量和教育目标的实现。通过这种全面且系统的工作方式，管理队伍有效地支撑了高校的教育使命和社会责任，为培养符合社会主义现代化建设需求的高素质人才奠定了坚实基础。

通过这样全面而具体的职责分配和角色发挥，大学生思想政治教育管理队伍能够有效地推动高校教育目标的实现，培养出更多符合社会主义现代化建设需要的高素质人才。

二、管理队伍建设的关键要素

在大学生思想政治教育的管理队伍建设中，关键要素包括专业能力培养、道德修养与职业素质的提升以及持续教育与培训。这些要素是确保教育质量和管理效果的基础，也是提升队伍整体专业水平的关键。

（一）专业能力培养

首先，专业能力培养是管理队伍建设的基石。管理队伍成员应具备扎实的思想政治理论知识，这是进行有效教育的前提。深入理解马克思主义原理、中国特色社会主义理论以及国家的政策方针，不仅能够帮助教育者在教学中提供准确的信息和指导，也能使他们能够在学生出现思想上的困惑时提供及时的解答和引导。

除此之外，教育学和心理学等相关学科的知识也极为重要。这些学科提供了理解和分析学生行为的理论基础，使教育者能够根据学生的具体年龄阶段、心理发展特征以及社会经验，设计合适的教学方案和干预措施。例如，了解青少年心理发展的阶段特点，可以帮助教育者更有效地处理学生在成长过程中可能遇到的问题，如身份认同、同伴压力等。

进一步，掌握现代教育技术和方法，如多媒体教学、互动式学习平台和模拟情境教学等，能够使思想政治教育更加生动、直观。这些技术和方法不仅增强了信息的可视化和互动性，而且通过吸引学生的注意力和兴趣，提高了教育活动的参与度和效果。例如，利用虚拟现实技术模拟历史事件，可以让学生在沉浸式的环境中体验历史，深化对政治理论的理解和感受。

总之，通过加强思想政治理论、教育学、心理学等多方面知识的学习和应用，以及现代教育技术的运用，可以显著提升管理队伍的专业能力，从而更有效地开展教育工作，达到培养学生全面发展的教育目标。这种全面而深入的专业能力培养，为管理队伍打造了坚实的知识基础和技能支撑，确保了思想政治教育活动的质量和影响力。

（二）道德修养与职业素质

高标准的道德修养不仅是教育者个人形象的体现，也直接影响教育的质量和教育效果。管理队伍成员应以身作则，恪守职业道德，公正无私，诚实守信，这样才能赢得学生的尊重和信任，增强教育的感染力和影响力。

道德修养首先体现在对学生的公平对待上。教育者必须保持对所有学生的一视同仁，无论学生的背景、能力或者性格如何，都应给予公正的评价和机会。这种公正不仅限于学业成绩的评估，也包括对学生参与课外活动和学校生活的鼓励与支持。通过这种行为，教育者展示了他们的道德标准，为学生树立了积极的榜样。

此外，诚实守信是建立有效教育关系的基石。管理队伍的成员应该诚实地反馈学生的进步和问题，同时在承诺上保持一致性，确保自己的言行一致。例如，对学生的承诺，无论是关于课程内容的深化，还是对学生个人发展的指导，都应当兑现。这样的行为能够建立坚固的信任关系，使学生更愿意接受教育者的指导和影响。

道德修养和职业素质的高标准还意味着教育者需要具备强烈的职业责任感和奉献精神。教育不仅是职业，更是一种使命，要求教育者投入大量的精力和情感，以帮助学生成长和成功。管理队伍的成员应当时刻准备着通过自己的知识和技能为学生的未来作出贡献，这种奉献精神本身就是对学生的一种教育。

总之，通过维持高标准的道德修养和职业素质，管理队伍不仅能增强自己的教育效果，也能在学校和社会中树立积极的形象，为学生的全面发展提供强有力的支持和榜样。这种道德上的引导和示范，是实现教育目标的重要组成部分，对于培养学生的全面素质和道德观念具有不可替代的作用。

（三）持续教育与培训

随着社会的发展和教育环境的变化，新的教育理念、技术和方法不断涌现。定期的培训和继续教育能够帮助教育者更新知识体系，提升专业技能，更好地应对新挑战。例如，通过参加国内外的学术会议、研讨班和在线课程等方式，管理队伍成员可以不断学习先进的教育理念和实践，将这些新知识新技术应用到日常的教育工作中，从而提高整个管理队伍的专业水平和工作效率。

此外，这些培训和教育活动还为管理队伍提供了一个重要的平台，用于交流经验和共享最佳实践。这种交流不仅有助于从同行那里学习到实用的策略和技巧，还能激发创新的思考方式，促使团队成员思考如何将这些新理念适应和融入自己的工作中。例如，了解如何利用新兴的数字工具和平台可以有效地增强远程教学的互动性和参与感，这对于当前快速发展的在线教育模式尤为重要。

不仅如此，持续的专业发展也有助于提升教育者的个人职业满意度和职业生涯发展。教育者通过获得新的资格认证或专业技能，不仅可以在职业道路上取得进一步的发展，也能感受到从事教育行业的成就感和自我价值。这种成就感是推动他们继续在教育领域内寻求创新和卓越的重要动力。

最终，通过实施这样的持续教育和培训计划，高校能够确保其管理队伍始终保持在教育前沿，不断提高其教育质量和效率，更好地服务于学生和社会的需求。这不仅使管理队伍能够适应教育领域快速变化的需求，也确保了教育活动能够持续地产生积极和深远的影响。

通过以上三个关键要素的系统建设和优化，大学生思想政治教育管理队伍能够更有效地履行其职责，提升教育质量，为高校培养更多优秀的社会主义建设者和接班人。

三、建设策略与实施路径

在大学生思想政治教育管理队伍的建设策略与实施路径中，招聘与选拔机制、激励与评价体系以及跨学科协作与团队建设是三个关键环节。这些策略的有效实施能够确保管理队伍的专业性、积极性和协作效率,从而增强整体的教育成效。

(一)招聘与选拔机制

关于招聘与选拔机制,高校需要建立一套完善的机制来确保新加入成员的专业性和适任性。这包括明确的职位描述、资格要求和选拔标准。高校可采用多种方式进行选拔,如面试、笔试、模拟教学等,确保选拔过程的公正性和透明性。此外,考虑到思想政治教育的特殊性,选拔过程中还应重视候选人的思想政治素质和道德水平,确保其能够承担起教育的责任。

为了进一步增强选拔过程的有效性,高校还应设立一个综合评审小组,由经验丰富的教育专家、学院领导和人力资源管理人员组成。这个小组的主要任务是对候选人的资格和能力进行全面的评估,确保选拔标准的一致性和执行的严格性。评审小组可以通过详细的背景调查、专业能力测试和深入的面试来评估候选人的综合素质。

此外,高校在选拔过程中还应该注重候选人的创新能力和团队合作精神。教育环境不断变化,需要教育工作者能够适应新的教学方法和技术。因此,选拔时可以通过情景模拟或团队合作的活动来观察候选人在实际教学和团队环境中的表现。这不仅有助于评估候选人的专业技能,还能检验他们解决问题和与人合作的能力。

最后,为确保选拔过程的公正和有效,高校还应定期审查和调整其招聘策略和流程。通过收集反馈、分析数据和监测招聘结果,高校可以不断优化选拔机制,确保它能够适应教育领域的最新发展和需求。这种持续的改进过程不仅提高了选拔效率,还有助于吸引和留住最合适、最有能力的教育人才。

(二)科学的激励与评价体系

构建科学的激励与评价体系对于增强工作积极性和队伍稳定性至关重要。这一体系应包括公正合理的绩效评价标准和多元化的激励措施。绩效评价不仅要考虑教育活动的执行效果,还应包括教育创新和个人发展等方面。在激励措施上,除了经济奖励之外,还应提供职业发展的机会、学术交流的平台等,以满足管理队伍成员的成长需求和职业期望。

在实施绩效评价时,高校应采用量化和定性相结合的评估方法,确保评价的全面性和客观性。例如,可以通过学生的反馈、同行评审以及完成的教育项目数量和质量来量化评估教育者的表现。同时，对教育者在推动教育创新、参与课程设计改进以及教育研究的贡献进行定性分析，这有助于全面了解其在职业生涯中的成长和进步。

对于激励措施，除了常规的薪酬和奖金，更应重视提供职业发展机会，如资助参加国内外的专业培训、高级研修班或获得进一步教育的机会。这类投资不仅能增强员工的职业技能，还能激发他们的工作动力，增强对机构的忠诚度和归属感。此外，建立一个平台以促进学术交流，如定期举办研讨会、会议和工作坊，邀请行业专家分享最新的研究成果和教育技术，也是非常有益的。这不仅有助于教育者拓宽视野，还能激发创新思维，促进专业成长。

通过这样的综合激励与评价体系，教育管理队伍可以持续保持高效的工作状态，同时积极寻求个人和职业上的发展，从而增强整个教育团队的稳定性和凝聚力。这种系统的激励与评价机制，最终将促进教育质量的提升和学校的整体教育目标的实现。

（三）跨学科协作与团队建设

跨学科协作能够整合不同领域的资源和知识，为思想政治教育带来新的视角和方法。团队建设活动，如团队培训、户外拓展等，不仅能增强队伍成员之间的交流和信任，也有助于提升整个团队的协作能力和创新能力。通过这些活动，可以有效地打造一支团结协作、富有创新精神的管理队伍。

跨学科协作首先要求从组织结构和文化上支持不同学科之间的交流和合作。这可以通过建立固定的协作机制，如跨学科工作小组或定期的联合会议，来促进教育、心理学、社会学、科技等不同领域专家的相互学习和资源共享。例如，心理学家可以帮助政治理论教师更好地理解学生的心理需求，而科技专家可以引入新技术来增强教学互动性和效果。

此外，团队建设活动对于增强团队成员的凝聚力和提升工作效率同样关键。通过组织定期的团队培训、研讨会或者团队建设旅行，不仅可以增进成员之间的了解和信任，还能促进知识的交流和团队文化的建立。这些活动应该旨在打破职务和学科的界限，鼓励团队成员在非正式和放松的环境中开展深入讨论和合作。

更进一步，通过引入团队竞赛或创新挑战等元素，可以激发团队成员的创造力和竞争力。这些活动不仅能够测试并强化团队的协作能力，还可以发掘团队成员在压力或竞争环境下的潜力和创新能力。

总之，通过跨学科协作和有效的团队建设，高校能够构建一个多元化、高效且具有创新能力的管理队伍。这种团队不仅能够在日常管理中高效协作，解决复杂问题，也能在思想政治教育中实现创新，更好地满足学生和社会的需求。这将直接反映在教育质量和学校声誉的提升上。

综上所述，通过实施有效的招聘与选拔机制、建立科学的激励与评价体系以及加强跨学科协作与团队建设，大学生思想政治教育管理队伍将更加专业化和高效，能够更好地实施教育任务，培养出更多优秀的学生。

第二节 高校思政课专职教师队伍建设

在当代高校教育体系中，思想政治课程扮演着至关重要的角色。专职思政课教师作为这一课程的主要承担者，其专业素质和教学能力直接影响到思想政治教育的质量和效果。因此，探讨并实施科学的专职教师队伍建设策略，对于提升高校教育质量具有重要意义。作为思想政治教育的主要执行者，专职教师不仅负责传授马克思主义基本原理，解读党的路线方针政策，还需要引导学生形成正确的世界观、人生观和价值观。专职教师的教学策略、理论深度和亲和力等，都极大地影响学生的思想政治认知。

一、教师在思想政治教育中的角色

（一）角色定位

在数字化背景下，高校教师在思想政治教育中的角色经历了显著的变化。传统上，教师主要扮演着知识的传递者和价值观的引导者的角色。然而，随着新时代的到来，这一角色已经扩展为技术的整合者、互动的促进者和创新的实践者。在新的环境中，教师不仅需要使用新的工具来传递知识，更重要的是，他们需要利用这些工具激发学生的批判性思维，培养学生的独立思考能力和解决问题的能力。教师的角色变得更加多元和动态，他们需要不断学习新技术，创新教学方法，以适应不断变化的教育需求。

（二）角色挑战

在这个过程中，教师面临着多重挑战。首先，技术适应性成为一个显著的挑战。

随着新教学工具和平台的不断出现，教师需要快速掌握这些技术，以有效地整合到教学中。这不仅要求教师具备一定的技术知识，还需要他们持续地学习和更新技能。其次，教育理念的更新也是一个重要挑战。在新时代，学生获取信息的渠道更加广泛，思想更加多元。教师需要更新自己的教育理念，采取更加开放和包容的态度，鼓励学生批判性思考，而不仅仅是接受传统价值观。此外，教师还需要在不断变化的教育环境中找到平衡，既要利用数字技术丰富教学内容，又要确保教育的人文关怀不被忽视。

总而言之，在新时代背景下，高校教师在思想政治教育中的角色经历了重大变化，他们不仅要作为知识和价值观的传递者，更要成为技术的整合者、互动的促进者和创新的实践者。面对技术适应性和教育理念更新等挑战，教师需要不断自我更新和成长，以适应数字化大学生思想政治教育的发展需求。

二、教师发展需求分析

在数字化高校的思想政治教育背景下，教师发展的需求日益增加，主要集中在知识与技能更新、教学方法与策略创新，以及心理与情感适应三个方面。

（一）知识与技能更新

新时代最大的特征就是数字化。数字化环境下，教师面临着前所未有的挑战和机遇。在这个时代背景下，教师不仅需要掌握传统的教育理论和知识，更需要了解和掌握新的数字技术。这包括网络资源的利用、在线教学平台的操作、数字媒体的制作等技能。这些知识和技能的更新对于教师来说是必不可少的，因为它们直接关系着思想政治教育的质量和效果。

首先，网络资源的利用是数字化环境下教师必备的技能之一。随着互联网的普及，大量优质的教育资源呈现在我们面前。教师需要学会如何高效地检索、筛选和整合这些资源，以丰富自己的教学内容，提高教学效果。此外，教师还需要关注网络信息安全，引导学生正确使用网络，抵制不良信息，培养健康的网络素养。

其次，在线教学平台的操作也是教师需要掌握的技能。在数字化环境下，线上教学已成为教育教学的重要手段。教师需要熟悉各类在线教学平台的功能和操作方法，以便开展线上线下相结合的混合式教学，提高思想政治教育的覆盖面和影响力。

此外，数字媒体的制作能力对于教师来说也至关重要。在这个信息爆炸的时代，学生对于传统文字和图片的接受程度有限。教师可以通过制作生动有趣的数字媒体作品，如短视频、动画、H5等，将思想政治教育内容以更加直观、形象的方式呈现给学生，提高他们的学习兴趣和参与度。

为了适应数字化教学环境，教师需要不断学习，丰富自己的知识体系，提高自己的技术应用能力。这包括参加专业培训、自主研修、同行交流等多种途径。通过不断学习，教师可以更好地把握数字化教育的趋势，将新技术融入思想政治教育之中，提高教育的针对性和实效性。

总之，在数字化环境下，教师需要积极拥抱新科技，努力提升自己的数字素养，以适应教育教学的发展需求。只有这样，我们才能培养出更多具有良好思想政治素质的社会主义建设者和接班人，为我国的发展贡献力量。

（二）教学方法与策略创新

随着学生学习习惯的变化和数字化技术的发展，传统的教学方法和策略已经难以满足当前的教学需求。在这个背景下，教师需要积极探索和实践更加多样化和创新的教学方法和策略，以适应新时代的教育环境。

首先，翻转课堂是一种创新的教学模式。在这种模式下，学生在家中通过观看教学视频、阅读教材等方式自主学习新知识，而课堂时间则用于讨论、实践和解决问题。这种模式有助于激发学生的学习兴趣，提高他们的自主学习能力，同时增强课堂的互动性和实践性。

其次，项目式学习是另一种值得尝试的教学方法。在这种方法中，学生围绕一个具体的项目进行探究和实践，通过这个过程，他们能够将所学的知识与现实世界的问题联系起来。这种方法有助于培养学生的批判性思维、问题解决能力和团队合作能力。

此外，协作学习也是一种有效的教学方法。在这种方法中，学生被分成小组，共同完成学习任务。这种方法有助于提高学生的沟通能力、协作能力和社交技能，同时也能够促进他们的思维碰撞和知识共享。

为了实现这些创新的教学方法和策略，教师需要不断提高自己的专业素养和教学能力。他们需要学会如何设计有趣、富有挑战性的学习任务，如何引导学生进行自主、合作和探究学习，以及如何有效地利用数字化技术支持教学。

通过创新教学方法和策略，教师不仅可以增强教学的趣味性和互动性，还能有效地促进学生的批判性思维和问题解决能力的发展。这将有助于培养出更多具有创新精神和实践能力的人才,为我国的发展贡献力量。

总之,在数字化环境下,教师需要不断探索和实践创新的教学方法和策略,以适应新时代的教育需求。这将有助于提高思想政治教育的质量和效果,培养出更多具有良好思想政治素质的社会主义建设者和接班人。

(三) 心理与情感适应

在思想政治教育中,教师不仅是知识的传递者,更是学生情感和心理的引导者。在这个角色中,教师需要关注学生的多元化心理需求和情感交流,以更好地完成自己的教育工作。

随着学生背景的多样化,教师面临着如何适应学生多元化心理需求和情感交流的挑战。这要求教师不仅要有丰富的心理学知识,还需要具备良好的情感交流能力。通过了解学生的心理特点和需求,教师可以更好地与他们沟通,建立良好的师生关系。

心理学知识对于教师来说至关重要。了解学生的心理发展规律、情感需求和认知特点,可以帮助教师更好地把握教育的切入点,提高教育的针对性和实效性。此外,心理学知识还可以帮助教师识别和解决学生的心理问题,为他们的健康成长提供保障。

除了心理学知识,教师还需要具备良好的情感交流能力。这意味着教师需要学会倾听学生的心声,理解他们的情感需求,给予他们关爱和支持。通过与学生真诚、平等的交流,教师可以赢得学生的信任和尊重,为思想政治教育打下坚实的基础。

通过建立积极的师生关系,教师可以更有效地进行思想政治教育,帮助学生形成正确的价值观和人生观。在这个过程中,教师需要关注学生的个性差异,尊重他们的独立思考,引导他们正确处理人际关系,培养他们具有良好的道德品质和社会责任感。

此外,教师还需要关注学生的心理健康,及时发现和解决心理问题。通过开展心理健康教育,教师可以帮助学生建立自信、乐观、积极的心态,提高他们的心理素质,为他们的全面发展奠定基础。

总之,在思想政治教育中,教师需要关注学生的情感和心理需求,以更好地完成自己的教育工作。通过具备丰富的心理学知识和良好的情感交流能力,教师可以与学生建立积极的师生关系,为他们的健康成长提供有力支持。在这个过程中,教师将帮助学生形成正确的价值观和人生观,为我国的发展培养出更多具有良好思想政治素质的社会主义建设者和接班人。

三、保持教师教育的激情

(一) 教师激情的重要性

教师激情在大学生思想政治教育中扮演着至关重要的角色，不仅影响着教学质量的提升，还促进教师个人的职业发展和创新能力的提高。

1. 对教学质量的影响

教师的工作激情直接影响着教学的质量和效果。一个充满激情的教师能够通过其积极的态度和行为，激发学生的学习兴趣，增强学生对思想政治课程内容的好奇心和探索欲。此外，教师的激情还能促使其不断寻求教学方法的创新，运用更加生动、直观的教学手段，使抽象的政治理论知识变得更加容易理解和接受。因此，教师的工作激情不仅能提高教学质量，还能增强学生的学习动机，从而增强整体的教学效果。

2. 对教师个人发展的促进

教师的工作激情对于其个人职业发展同样具有重要意义。激情是驱动教师不断学习和成长的内在动力，它鼓励教师探索新的教育理念、尝试新的教学方法，并勇于将创新应用到实际教学中。这种持续的自我更新和创新尝试，不仅有助于教师提升自己的教育教学能力，还能促进其在职业生涯中获得更多的成就感和满足感。

此外，教师的工作激情还能激发其参与教育研究和学术交流的积极性，促进其在学术领域的成长和发展。通过参与研究项目、撰写学术论文等方式，教师不仅能够深化自己对思想政治教育的理解和认识，还能够为该领域的知识积累和创新作出贡献。

综上所述，教师的工作激情在大学生思想政治教育中具有不可替代的重要作用。它不仅直接影响到教学质量和学生学习的效果，还对教师个人的职业发展和教育创新能力的提升具有积极的促进作用。因此，高校和教育管理部门应重视教师激情的培养和维持，为教师提供充分的支持和激励，以促进思想政治教育的长期发展和进步。

(二) 当前高校师资队伍保持激情面临的挑战

当前高校师资队伍在维持教学激情和积极性方面面临着多重挑战，这些挑战不仅影响教师个人的职业发展和工作满意度，也间接影响大学生思想政治教育的质量和效果。

1. 工作压力与疲劳

高校教师在日常工作中面临着诸多压力源，包括教学负担、科研任务、学生指导、行政工作等。这些压力往往超出教师的承受范围，导致长期的工作疲劳和心理压力。过重的工作负担不仅耗尽教师的精力，还会削减他们准备和改进课程的时间，影响教学质量。长期处于高压状态下的教师，其工作激情和教学热情难以持续，甚至可能出现职业倦怠的情况。

2. 资源和支持的不足

在大学生思想政治教育领域，教育资源的分配和科研支持往往不足，这在一定程度上限制了教师的教学创新和学术研究。缺乏先进的教学设施、教育技术工具、更新的教材资源，以及科研经费的不足，都会影响教师实现教学创新的能力和意愿。当教师感到自己的努力得不到足够的支持和认可时，他们的教学热情和创新意愿难免会受到挫败。

3. 职业发展的限制

职业晋升路径的狭窄和发展机会的有限是影响高校教师激情的另一个重要因素。在许多高校，教师的职称评定和晋升机制较为僵化，晋升通道有限，导致教师感到职业发展前景不明朗。此外，缺乏足够的专业发展培训和学术交流机会也限制了教师提升自己的能力和拓宽视野。职业发展的限制不仅影响教师的工作积极性和创新能力，也会影响他们在思想政治教育中的教学效果和学生培养质量。

面对这些挑战，高校和教育管理部门需要采取有效措施，为教师创造一个支持性强、发展空间大、工作压力适中的工作环境，以激发和保持高校师资队伍的工作激情和教学热情，进而提升大学生思想政治教育的整体质量和效果。

（三）激励师资队伍的策略

面对大学生思想政治教育中师资队伍激情面临的挑战，采取有效的激励策略是保持教师工作热情和提升教学质量的关键。以下是一些具体的激励策略。

1. 制定合理的激励机制

为了激发和维持大学生思想政治教育教师的工作热情与教学激情，高校必须采取全面且有效的激励政策和措施。这不仅关系着教学质量的提升，也是促进教师个人职业发展的重要策略。

（1）竞争性的薪酬福利

薪酬福利作为教师工作动力的重要组成部分，需要具有竞争性，以确保能够吸引和留住优秀的教师。高校应根据市场调查和教育行业的标准，定期调整教师的薪酬结构，确保其符合教师的工作量和贡献。此外，提供健康保险、住房补贴、子女教育支持等福利，可以进一步增加教师的满意度和归属感。

（2）教学和科研奖励

通过设立教学和科研奖励，高校可以直接表彰教师在教育教学和科研工作中取得的成就。这些奖励不仅包括财务奖励，还可以包括职称晋升、研究资金支持、国际交流机会等，旨在鼓励教师不断追求教学与科研上的卓越表现。

（3）灵活的工作安排

实施灵活的工作安排，赋予教师更大的工作自主权，是提高教师满意度的有效方式。例如，允许教师根据自己的研究和教学计划灵活安排上课时间，提供远程工作和在线教学的机会，可以帮助教师更好地平衡工作与个人生活，减少工作压力。

（4）对教师工作成果的认可和奖励

对教师工作成果的认可不应仅限于物质奖励，还应包括职业发展的支持和社会认可。高校可以通过定期的教师表彰大会、发布教师工作成果的新闻通讯、建立教师成就展示墙等方式，让教师的努力和贡献得到同行和社会的认可。

通过实施上述激励政策和措施，高校不仅能够提升教师的工作满意度和教学热情，还能够创造一个积极向上、鼓励创新的教育环境，从而有效推动大学生思想政治教育的发展。

2. 创建支持性的工作环境

在大学生思想政治教育的领域内，教师扮演着塑造学生思想品质、引导社会价值观的重要角色。因此，为他们提供一个积极、开放、支持性的工作环境不仅是对教师个人发展的重要保障，更是确保教育质量和效果的关键因素。高校管理层在营造这样的工作氛围时，需要从多个方面入手，以确保教师能够在最佳状态下进行教学和研究工作。

首先，鼓励教师之间的交流与合作是构建积极工作环境的基础。通过定期组织教师研讨会、工作坊和团队建设活动，教师可以分享教学经验、讨论教育理念，促进知识的交流和团队的凝聚力。这种互相学习、互相启发的氛围有助于激发教师的创新思维和工作热情。

其次，提供充足的教学资源和科研支持对于维持教师工作激情同样至关重要。高校应确保教师能够轻松获取到最新的教育技术工具、教学资料和科研平台。同时，通过设立科研基金、奖励优秀教研项目等措施，支持教师在专业领域的深入研究和创新实践，从而提升教学和科研的质量与效率。

关注教师的工作压力和身心健康也是营造支持性工作环境的关键。高校可以通过建立健全的心理健康支持系统、提供定期的健康检查和压力管理讲座，帮助教师有效应对工作中的压力，保持良好的心理状态。此外，合理规划教师的工作量，确保他们有足够的时间进行学术研究和个人休息，也是保持教师工作激情的重要措施。

在这样的工作环境中，教师不仅能够感受到来自高校的支持和尊重，更容易激发出对教学工作的热爱和投入，持续保持高昂的工作热情和积极的教学态度。这不仅有助于教师个人的成长和发展，更能够提升大学生思想政治教育的整体质量和效果，为学生培养提供坚实的保障。

3. 提供专业成长和发展机会

在大学生思想政治教育领域，为教师提供全面的发展支持对于激发他们的教学激情和促进职业成长具有至关重要的作用。这种支持不仅包括对教师专业知识和技能的持续培养，还涉及为他们创造参与学术交流和研究合作的机会，从而使教师能够在全球化的教育背景下不断进步和创新。

（1）组织定期的专业培训

通过定期举办专业培训，高校可以帮助思想政治教育教师保持最新的教育理论和实践方法的掌握。这些培训可以包括新的教学技术、评价方法、课程设计等方面的内容，旨在提升教师的教学能力和课堂效果。此外，专业培训也是一个促进教师之间交流和学习的平台，通过分享各自的教学经验和挑战，教师可以获得新的灵感和解决问题的策略。

（2）支持教师参与国内外学术会议

参与学术会议不仅可以让教师了解领域内的最新研究成果，还可以与国内外的学者建立联系，拓展自己的学术网络。高校应鼓励并资助教师参加这些学术活动，无论是作为听众还是演讲者，都将对教师的学术研究和教学实践产生积极影响。这样的国际交流经历不仅能增强教师的学术竞争力，还能激发他们对教育事业的热爱和投入。

（3）鼓励跨校际、跨学科的合作研究

促进跨校际、跨学科的合作研究是拓宽教师视野、提升研究水平的有效途径。通过这种合作，教师可以接触到不同领域的知识和研究方法，促进思维的交叉融合和创新产生。高校应提供必要的资源和平台支持，如研究资金、合作网络建设等，以激励教师积极参与到跨学科的研究项目中，从而丰富他们的教育教学内容和方法。

通过上述措施的实施，教师将在专业知识更新、学术交流、研究合作等方面获得持续的支持和鼓励，从而不断增强自己的专业能力和教学热情。这不仅有助于个人职业发展，也将对大学生思想政治教育的质量产生深远的影响，培养出更多具有社会责任感和创新精神的学生。

4. 加强师德师风建设

师德师风的建设对于增强教师的职业荣誉感和使命感，激发工作激情具有重要作用。高校应通过加强师德教育、建立健全的师德考评机制、营造良好的师德文化等措施，引导教师树立正确的职业道德观，增强责任感和使命感。当教师深刻认识到自己工作的社会价值和意义时，更容易产生持久的工作激情和敬业精神。

通过实施上述激励策略，高校可以有效地激发和保持思想政治教育师资队伍的工作激情，为学生提供高质量的教育，同时促进教师个人的职业成长和发展。

第三节 高校辅导员队伍建设

高校辅导员作为大学生思想政治教育的重要组成部分，承担着引导和教育学生的独特职责。他们的角色在于桥接学校管理层与学生之间的关系，有效地传达学校的教育政策，同时关注学生的个人成长和发展。因此，探讨如何科学地建设和优化辅导员队伍，以提升他们的专业能力和教育成效，对于提高整体教育质量具有重要意义。辅导员直接与学生日常生活和学习活动相接触，能够实时了解学生的思想动态和心理状态，及时进行思想政治教育和心理辅导。这种独特的位置使辅导员成为思想政治教育中不可替代的人物，他们的工作效果直接影响学生价值观的形成和个性的培养。

一、辅导员的角色与职责

高校辅导员在学生的教育与管理中担任着多重角色，他们的职责广泛，涉及日常管理、心理辅导、职业发展指导等多个方面。这些职责共同构成了辅导员工作的核心内容，对学生的成长和发展起了决定性的作用。

（一）参与学生的日常管理

辅导员的教育与管理作用主要表现在日常生活管理、心理健康辅导和职业发展指导三个方面。在日常管理中，辅导员负责监督学生的出勤情况，管理学生宿舍，维护校园的正常秩序，确保学生能够在一个安全和谐的环境中学习和生活。例如，辅导员会定期检查宿舍的卫生情况和安全设施，协调解决学生在宿舍生活中遇到的各种问题，如人际关系冲突或设施损坏等，确保学生的居住环境安全舒适。

在心理辅导方面，辅导员需要关注学生的心理健康状态，为遇到困难和压力的学生提供及时的心理咨询和帮助，引导他们健康地解决问题，提升自我调适能力。这不仅包括一对一的心理咨询，辅导员还可能组织心理健康讲座和工作坊，教授学生如何管理时间和压力，如何建立积极的人际关系，以及如何发展健康的生活习惯和应对策略。

至于职业发展指导，则涉及帮助学生规划未来的学习和职业道路，提供实习和就业信息，指导学生准备职业生涯。辅导员在这一领域的工作包括举办职业规划讲座，组织行业参观活动，提供职业咨询服务，以及帮助学生建立职业发展网络。此外，辅导员还会协助学生准备简历和面试技巧，帮助他们更好地了解就业市场的需求和预期，从而更有效地规划他们的职业道路。

通过这些具体的活动和支持，辅导员在学生的日常生活管理、心理健康和职业发展中起到了至关重要的作用，不仅帮助学生解决了实际问题，还促进了他们的全面发展和未来成功。这种综合性的支持系统使辅导员成为学生在大学期间不可或缺的导师和顾问。

（二）辅助思想政治教育工作

辅导员在思想政治教育中的作用尤为关键。他们是连接学校和学生的桥梁，负责向学生传达国家的政策方针和社会主义核心价值观。辅导员通过组织政治理论学习、讲座、研讨会等活动，引导学生深入理解社会主义核心价值观的内涵及其在现代社会的实践意义。通过这些活动，辅导员帮助学生建立正确的世界观、人生观和价值观，引导他们成为有理想、有道德、有文化、有纪律的社会主义建设者和接班人。

辅导员的角色不仅限于信息的传递者，更是思想观念的引导者和价值观的塑造者。他们利用各种教育平台和资源，如主题班会、思政课程和社会实践活动，使学生能够在多样的学习环境中接触到丰富的政治理论和实际应用。例如，通过实地参观历史纪念地、组织志愿服务活动，辅导员不仅能够强化学生对理论知识的记忆，还能激发学生的爱国情感和社会责任感。

此外，辅导员还积极创建互动和讨论的机会，让学生能够就当前的政治社会问题发表自己的观点和思考。这种方式不仅有助于学生批判性和独立思考能力的培养，也促进了他们对社会主义核心价值观的深层理解和个人价值观的形成。通过辩论会、模拟联合国等模拟实践活动，辅导员引导学生将抽象的政治理论与实际问题相结合，提升他们解决实际问题的能力。

在这一过程中，辅导员还注重评估和反馈，通过定期的思想汇报、心得体会交流等形式，了解学生的学习效果和思想动态，进一步针对性地调整教育策略和内容，确保思想政治教育的深度和广度都能与时俱进。辅导员在思想政治教育中的多维作用不仅提升了学生的政治理论水平，更深远地影响了他们的价值观念和人生方向，是培养新时代高素质社会主义建设者和接班人的关键力量。

总而言之，高校辅导员的角色和职责是多方面的，他们不仅是学生日常生活的管理者和心理健康的指导者，也是思想政治教育的重要实施者。通过有效履行这些职责，辅导员在促进学生全面发展和贯彻执行教育政策中起了不可替代的作用。

二、辅导员队伍建设的关键要素

在高校辅导员队伍的建设中，专业能力与知识背景、道德修养与职业素质以及持续教育与培训是三个关键要素。这些要素的优化和提升是确保辅导员能够高效执行其职责、应对挑战,并促进学生全面发展的基础。

(一) 辅导员的专业能力与知识背景

辅导员应具有深厚的政治理论知识,这是他们进行思想政治教育的核心能力。深入理解马克思主义基本原理、中国特色社会主义思想以及时事政策,使辅导员在指导学生时能够准确传达国家的意志与方向,同时帮助学生批判性地理解和分析现实问题。

此外,教育学知识能够帮助辅导员更好地理解教育理论和实践,使他们能够设计和实施有效的教育策略。了解不同教学方法和策略,如项目式学习、合作学习、翻转课堂等,能够丰富教育手段,提高教育活动的参与度和效果。这种方法论的掌握对于应对不同学生群体的需求尤为关键,可以使教育更加个性化和目标明确。而心理学知识则让辅导员能够有效地进行学生心理健康指导和危机干预。通过理解学生的心理发展阶段、压力源以及常见的心理问题,辅导员能够及时识别学生可能面临的心理困扰,提供科学的心理咨询和干预措施。此外,这些心理学的应用不仅限于危机干预,同样适用于日常的学生指导和支持,帮助学生建立自信,提高自我管理能力,促进其健康发展。

这些知识的综合应用,使得辅导员能够从多角度理解和响应学生的需求,提供更为专业和精准的服务。例如,通过结合政治理论和心理学知识,辅导员可以更有效地在学生身上培养社会责任感和自我认同感,进而引导他们成为社会主义核心价值观的实践者。这种多学科交叉的专业能力不仅增强了辅导员的工作效果,也显著增强了他们在学生心目中的权威性和信任度。

(二) 高尚的道德修养与职业素质

辅导员不仅是学生的日常生活和学习的指导者,更承担着学生思想道德建设的重要责任。他们的行为直接影响着学生的品行和价值观的形成,因此辅导员需要具备高标准的道德修养和职业素质。

这种高标准的道德修养体现在多个方面。首先是个人的行为规范,包括诚实守信、公正无私和持续自我提升等。辅导员的每一言一行都应成为学生模仿的榜样。其次，职业操守也至关重要，辅导员应当坚守教育职业的基本伦理，保持教育公平性，严格自我约束，不断提高专业能力，以适应教育工作的需求。

此外，辅导员还需要具备对学生的深切关爱，真诚地关注学生的成长和需要，倾听他们的心声，帮助他们解决困难。尊重学生个体差异，鼓励学生表达自己的观点，培养学生的独立思考能力。同时，辅导员应当保持公正无私的态度，确保在处理学生事务时公平性，避免任何形式的偏见和歧视。

优秀的道德修养和职业素质不仅能够建立良好的师生关系，还能显著增强教育的影响力和效果。通过树立正确的价值观和行为典范，辅导员可以引导学生形成良好的道德观和人生观，为他们的全面发展和未来的社会生活打下坚实的基础。

（三）辅导员要接受持续教育与培训

在教育行业中，辅导员的角色日益重要，而持续教育与培训则是提升其职业能力的关键。随着教育政策的持续演变和教育技术的飞速发展，辅导员必须保持对新知识的敏锐洞察力和不断更新的技能。定期参与的培训和继续教育不仅涉及对新的教育法规的深入理解和应用，也包括心理健康指导、危机管理、学生沟通策略等多方面的技能提升。例如，心理健康指导技巧培训可以帮助辅导员更有效地支持有需要的学生，而危机应对策略则训练他们在学校面临紧急情况时能够迅速而有效地作出反应。

此外，这些培训也促进了辅导员对于教育创新的理解和实践，使他们能够引入新的教学方法和技术，从而提高教育效率和学生的学习体验。不断地学习和实践也是辅导员维持自己在教育领域内专业知识和技能前瞻性及竞争力的重要方式，这不仅仅是职业发展的需求，更是为了能更好地服务于学生和学校的长远利益。通过这种方式，辅导员能够更全面地理解学生需求，有效地解决问题，并为学校的整体发展作出更有价值的贡献。

三、建设策略与实施路径

在高校辅导员队伍建设的过程中，制定有效的选拔与培训程序、绩效评价与激励机制以及团队协作与发展策略是至关重要的。这些策略不仅确保了辅导员队伍的专业性和高效性，也提升了团队的整体稳定性和成员的职业满意度。

（一）选拔与培训

关于选拔与培训程序，建立一个有效的选拔机制是确保招聘到合适辅导员人才的关键。选拔机制应包括明确的职位描述、资格要求以及全面的评估标准，这些标准不仅涉及专业知识和技能，也包括应聘者的道德品质和心理素质。选拔过程可以采用结构化面试、情景模拟和心理测试等多种方法，以全面评估应聘者的综合能力。此外，对于入选的辅导员，应提供系统的初任培训和持续的职业发展课程，如政治理论更新、心理辅导技巧、危机管理等，以确保他们能够适应日益变化的教育需求。

在选拔过程中，重视道德品质和心理素质是至关重要的。应聘者的个人价值观、职业道德和心理稳定性直接影响其日后与学生的互动和指导质量。例如，通过道德判断测试和情绪智力评估，可以更好地理解候选人在面对压力和道德困境时的处理能力。这种评估有助于挑选出能够以身作则、为学生树立正面榜样的辅导员。

针对入选的辅导员，初任培训应涵盖必要的政治理论教育，确保每位辅导员都能准确理解并传达当前的政治方针。此外，心理辅导技巧的培训则让辅导员具备识别和处理学生心理问题的能力，这对于预防和干预学生心理危机至关重要。危机管理培训则进一步强化辅导员在面对突发事件时的应对策略和能力。

除了初任培训外，持续的职业发展课程也非常关键，这不仅有助于辅导员保持专业知识的更新，还能不断提升他们的教育和管理能力。例如，定期的研讨会、进阶培训课程和同行交流活动都是持续职业发展的有效形式。这些活动不仅提供了学习新知识的机会，还激励辅导员在职业生涯中追求卓越。

通过这样全面而细致的选拔与培训程序，高校能够确保其辅导员队伍不仅在专业能力上合格，更在道德品质和心理素质上优秀，充分准备好应对教育行业的各种挑战。

（二）绩效评价与激励

绩效评价与激励机制的建立是提升辅导员工作积极性和队伍稳定性的重要策略。为此，必须设计一个既公正又透明的绩效评价体系，能够全面反映辅导员的工作表现和贡献。此体系应结合定量和定性的评价方法，以确保评价的全面性和客观性。

在定量评价方面，可以通过统计辅导员完成的工作量、处理学生问题的效率、活动组织的次数等具体数据进行评估。而定性评价则涉及更为主观的指标，如学生反馈、同事和上级的评价，以及辅导员在创新能力和团队合作方面的表现。例如，学生反馈可以通过问卷调查收集，关注辅导员在指导学生学业和生活中的有效性及亲和力；创新能力则考量辅导员在解决问题和提出新的教育方法上的能力；团队合作的评价则反映了辅导员与同事合作完成任务的能力和态度。

基于这些综合的评价结果，学校或相关教育机构可以实施针对性的激励措施，以提高辅导员的工作满意度和职业忠诚度。这些激励措施包括但不限于经济奖励如奖金、非经济奖励如表彰和荣誉称号，以及职业发展机会如晋升机会和职业培训。通过提供定期的职业培训，不仅能够激励辅导员继续提升自身的专业能力，还能帮助他们适应教育领域不断变化的要求，从而维持队伍的稳定性和活力。

这样的绩效评价与激励机制将极大地促进辅导员的工作热情，提升他们的工作效率和质量，最终达到提高整个教育团队效能的目标。

（三）团队协作与发展

在辅导员的职业生涯中，团队协作与发展扮演着至关重要的角色。为了构建一个高效、和谐的辅导团队，组织定期的团队建设活动和提供丰富的职业发展机会变得尤为关键。团队建设活动，例如集体培训、专业研讨会以及户外拓展活动，不仅能加强团队成员之间的沟通与合作，增进彼此的理解和信任，还能有效提升整个团队的协作效率和解决问题的能力。

此外，通过为辅导员提供继续教育的机会和明确的职业晋升路径，可以显著增强他们的职业成就感和自我实现感。这种职业成长机会使辅导员感受到自己的努力和成绩得到了认可，从而更加积极地投入到工作中，推动团队向更高的目标前进。继续教育不仅限于提升专业技能，更包括领导力培训、冲突解决技巧等，这些都是增强团队稳定性和持续性的重要因素。

通过这些措施，辅导员能够在职业道路上持续进步，同时为团队带来新的视角和动力。团队的稳定性和持续性的增强，不仅有助于辅导员个人的成长，也为学校创造了一个更加健康、有效的工作环境，最终为学生提供更优质的教育支持。这种全方位的团队发展策略，确保了辅导团队能够适应教育行业不断变化的需求，持续发挥其在学校教育体系中的关键作用。

  通过上述策略的实施，高校辅导员队伍将更加专业化和系统化，能够有效应对教育挑战，更好地服务于学生的成长和发展。

参考文献

[1] 叶楠. 大学生思想政治教育的时代诠释［M］. 北京：九州出版社，2023.

[2] 谷生然，王安平，张晓明. 大学生思想政治教育研究：第5辑［M］. 武汉：华中科技大学出版社，2022.

[3] 王安平. 大学生思想政治教育研究：第3辑［M］. 成都：四川大学出版社，2021.

[4] 陈华. 大学生思想政治教育与心理健康教育融合及实践［M］. 成都：四川大学出版社，2023.

[5] 黄静婧. 网络交往视域大学生思想政治教育研究［M］. 南宁：广西科学技术出版社，2023.

[6] 赵婷婷，马佳，秦曼. 互联网时代大学生思想政治教育改革路径探索［M］. 长春：吉林大学出版社，2023.

[7] 徐俊. 高校大学生思想政治教育认同研究［M］. 武汉：华中科技大学出版社，2022.

[8] 沈树永. 大学生思想政治教育对策研究［M］. 上海：上海财经大学出版社，2020.

[9] 杨化. 新时代大学生思想政治教育理论与实践研究［M］. 长春：吉林大学出版社，2022.

[10] 黄琳. 新时代大学生思想政治教育理论与实践研究［M］. 北京：中国财富出版社，2022.

[11] 赵敏. 多维视域下的大学生思想政治教育研究［M］. 济南：山东大学出版社，2022.

[12] 李晗. 网络时代大学生思想政治教育发展与创新研究［M］. 沈阳：辽宁人民出版社，2022.

[13] 李冰. 新时代大学生思想政治教育概述 [M]. 长春：吉林大学出版社，2022.

[14] 韩艳阳，胡晓菲，肖丽霞. 新时代大学生思想政治教育理论与实践研究 [M]. 北京：北京燕山出版社，2021.

[15] 朱金山. 新媒体与大学生思想政治教育研究 [M]. 长春：吉林出版集团股份有限公司，2021.

[16] 郭志栋. 新时代背景下大学生思想政治教育研究 [M]. 天津：天津人民出版社，2021.

[17] 陈丽萍. 基于新媒体环境的大学生思想政治教育研究 [M]. 湘潭：湘潭大学出版社，2021.

[18] 李苗，崔巧玲，周振兴. 传统文化与大学生思想政治教育的创新 [M]. 长春：吉林出版集团股份有限公司，2021.

[19] 黄卫华. 新时代大学生思想政治教育理论探索 [M]. 北京：北京工业大学出版社，2021.

[20] 王秀阁. 新时代大学生思想政治教育新任务新策略研究 [M]. 天津：天津出版传媒集团；天津人民出版社，2022.

[21] 林立荣. 融媒体时代下大学生思想政治教育发展探索 [M]. 长春：吉林大学出版社，2023.

[22] 李玲. 新时代女大学生思想政治教育研究 [M]. 西安：陕西人民出版社，2020.

[23] 陈丽萍. 基于新媒体环境的大学生思想政治教育研究 [M]. 北京：北京工业大学出版社，2020.

[24] 中共天津市委. 新时代大学生思想政治教育理论与实践研究 [M]. 天津：天津大学出版社，2020.

[25] 冯仰生. 立德树人当代大学生思想政治教育创新研究 [M]. 长春：吉林大学出版社，2020.

[26] 吉爱明. 新时代大学生思想政治教育发展探索 [M]. 北京：北京工业大学出版社，2020.

[27] 周丽娟. 突发事件防控与大学生思想政治教育功能研究 [M]. 北京：北京工业大学出版社，2022.

［28］付铭举，周沫含，王蔚.大学生思想政治教育工作研究［M］.沈阳：辽宁人民出版社，2020.

［29］张乙方，张雯，王树辉.新时代大学生价值观与大学生思想政治教育创新研究［M］.延吉：延边大学出版社，2022.

［30］白月娇，范林杰.现代大学生思想政治教育多元化发展［M］.长春：吉林出版集团有限责任公司，2020.